ごあいさつ

松江市では平成十八年（二〇〇六）に『スポーツ都市宣言』を行い、市民一人一人がスポーツに関わり合い、明るく豊かな社会を目指しています。

松江市とスポーツの関係は、今をさかのぼること百年前、大正十三年（一九二四）一月に、松江の雑賀町出身で当時大日本体育協会の二代会長であった岸清一の推奨により島根県体育協会が設立し、次いで五月一日に松江体育協会が創立したことに始まります。松江体育協会は、山陰各地の競技団体の統括団体として、山陰オリンピック大会（全山陰陸上選手権大会の前身）を主催します。この大会から国際オリンピック大会に出場するようなスポーツ選手を輩出し、松江のスポーツの発展に寄与しました。

本展では、松江体育協会創立一〇〇周年を記念し、江戸時代のスポーツである武術のうち、松江藩で行われていた武術の流派や相撲、松江から出場したオリンピック選手、そして現代のスポーツについて紹介します。

最後になりましたが、本展覧会の開催にあたり、貴重な資料をご出品いただきました所蔵者の皆様、関係諸機関の皆様に厚くお礼申し上げます。

令和六年七月

松江歴史館　館長　松浦正敬

目次

凡例

一、本図録は、松江歴史館に於いて令和六年（二〇二四）七月十二日から同年九月十六日の期間に開催した企画展「松江体育協会創立一〇〇周年記念　松江のスポーツ今昔」の展示図録である。

一、展覧会は松江歴史館が主催し、公益財団法人松江体育協会、島根県、島根県教育委員会、朝日新聞松江総局、産経新聞社、日本経済新聞社松江支局、毎日新聞松江支局、読売新聞松江支局、中国新聞社、山陰中央新報社、島根日日新聞社、新日本海新聞社、共同通信社松江支局、時事通信社松江支局、NHK松江放送局、TSKさんいん中央テレビ、BSS山陰放送、日本海テレビ、山陰ケーブルビジョン、エフエム山陰の後援を得た。

一、構成は必ずしも出品順ではない。また図録のみ掲載の資料もある。

一、本展の企画及び図録の編集・執筆は、当館主任学芸員の新庄正典が行った。

序章

松江とスポーツ

松江市では、『スポーツ都市宣言』を行い、「スポーツをとおして健康な心とからだをつくり、明るく豊かな松江市をきずく」ことを目指しています。本年は松江体育協会が創立して一〇〇年にあたる記念の年です。本展では、松江とスポーツの関わりについて、江戸時代から現代までの資料を通じ紹介します。

日本近代スポーツの父

岸 清一

一八六七〜一九三三

松江藩士を父に持つ岸清一《きしせいいち》は、松江の雑賀《さいか》町に生まれる。上京して弁護士として活動する傍ら、学生時代以来スポーツに親しんでいたことから、仕事で培った豊かな国際経験を買われて大日本体育協会の会長となった。岸は三度のオリンピックに役員として参加し、近代日本のスポーツの発展に貢献した。また、郷土松江への想いが強く、末次《すえつぐ》プールや岸運動場が岸により設置されている。

岸清一胸像
昭和三九年（一九六四）、西田明史作
雑賀教育資料館

日本スポーツの総本山ことＪＡＰＡＮ ＳＰＯＲＴ ＯＬＹＭＰＩＣ ＳＱＵＡＲＥ（旧岸記念体育会館）の入口に立つ岸清一胸像の原型である。この胸像は岸の死後、その遺産の寄付を受け建設された岸記念体育会館前にあった。令和元年（二〇一九）、会館の新築移転に際し現在地（東京都新宿区霞ヶ丘町）に移り、日本スポーツ界の発展に寄与した岸の功績を今に伝えている。

像は安来市出身の彫刻家である西田明史《にしだめいし》の作である。

ロサンゼルスから持ち帰った記念プレート

岸清一《きしせいいち》の遺族宅から近年見つかったプレートである。岸は国際オリンピック（ＩＯＣ）委員かつ大日本体育協会会長として、昭和七年（一九三二）開催のロサンゼルスオリンピックに参加している。この大会中、岸が主催したレセプションにおいて、昭和十五年（一九四〇）開催のオリンピックを東京で行いたいと熱弁し各国ＩＯＣ委員の賛同を得た。岸の死後、東京オリンピックの開催が決定したが、世界情勢の悪化により中止となった。

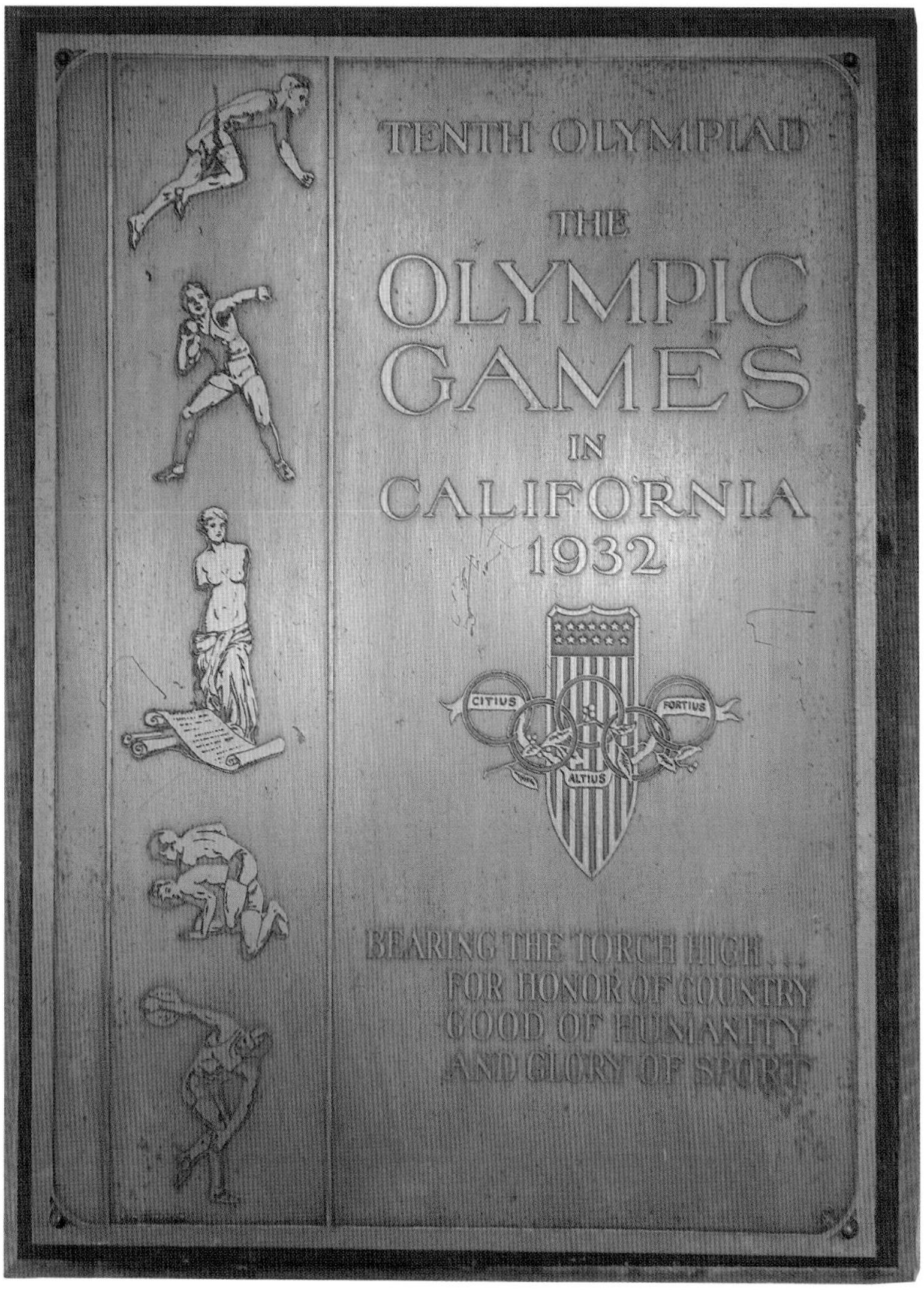

ロサンゼルスオリンピック記念プレート
昭和7年（1932）
個人（松江歴史館寄託）

東京オリンピック開催を取り付ける

ロサンゼルスオリンピック開催中の八月三日、清一は各国国際ＩＯＣ委員をロサンゼルスのアンバサダーホテルに招待し、スポーツを通じての国際親善、日本でのオリンピック開催について述べた。

参考『第十回オリムピック写真帖』より「岸清一主催レセプション」
昭和七年（一九三二）　出雲市

松江の武術・スポーツ年表

和暦	西暦	月	日	出来事
寛永10	1633			横田八左衛門、松江藩に登用される【樫原流鍵槍】
寛永15	1638			松本理左衛門、松江藩に登用される【一指流槍術】
寛永17年	1640			寺田平左衛門、松江藩に登用される【直信流柔道】 古川(後に大石)十大夫、松江藩に登用される【新当流兵法】
				このころ、伊藤不伝、松江藩に登用される【不伝流居相】
寛文3年	1663			松平直政、松江城下の南西に堂形(弓道場)を作る
明和7年	1770			釈迦ケ嶽雲右衛門、大関となる
寛政5年	1793	8月	21日	雷電為右衛門、松江城三之丸で相撲を取る
寛政7年	1795	3月		雷電為右衛門、大関となる
文政11年	1828	7月		稲妻雷五郎、横綱となる
文久3年	1863			松江藩、藩校の文武館(後の修道館)に武術稽古場を集中して設置
慶応3年	1867	1月		陣幕久五郎、横綱となる
明治2年	1869	8月		修道館内の武術各流派の稽古場を廃止する
明治22年	1889	3月		島根県知事籠手田安定、剣道場「興雲館」を開館
明治33年	1900	7月	28日	松下善之丞、島根県講武会を結成
明治40年	1907	5月	25日	嘉仁親王の行啓に際し、旧藩士が武術演武を行う
明治44年	1911	10月	1日	武徳殿竣工(松江市殿町)、第1回島根武徳祭開催
大正2年	1913	10月		松江市連合青年会主催陸上運動会開催(天神裏埋立地、全山陰陸上競技選手権大会の起り)
大正5年	1916	5月		松江市連合青年会主催第4回陸上運動会を山陰オリンピック大会と改称(末次埋立地)
大正10年	1921	3月		岸清一、大日本体育協会長就任
		12月		島根県講武会、解散する
大正13年	1924	5月	1日	松江体育協会設立、体協会章決定
		5月	25～26日	第12回山陰オリンピック大会開催(この大会より松江体育協会主催)
		6月		岸清一、国際オリンピック委員に推薦される
		7月		第8回オリンピック(パリ)に上田精一(五種競技)出場
昭和3年	1928	8月		第9回オリンピック(アムステルダム)において、津田晴一郎マラソン6位 松江市末次埋立地に50mプール新設(松江市千鳥町)
昭和4年	1929	9月	20日	松江市立昭和運動場竣工(のちに松江運動場、松江市西川津町)
		10月		松江競馬場開場(現在の松江市浜乃木)
昭和5年	1930	12月		忌部スキー場開場(現在の松江市西忌部町)
昭和7年	1932	5月		松江城北之丸に城山テニスコート完成(松江市殿町)
		7月	17日	松江野球場竣工(松江市西川津町)
		7月		第10回オリンピック(ロサンゼルス)において、吉岡隆徳100m競走 6位、津田晴一郎マラソン5位
昭和8年	1933	10月	29日	岸清一没す(67歳)
昭和10年	1935	10月	20日	岸清一銅像除幕式
昭和11年	1936	8月		第11回オリンピック(ベルリン)に吉岡隆徳、福田時雄出場
昭和12年	1937	10月	30日	第1回全日本女子体操競技大会において、園山綾子(松江市立家政高等女学校)個人優勝
昭和14年	1939	10月		岸清一遺族が整備した岸運動場(松江市上乃木、床几山付近)、松江市に寄付される
昭和19年	1944	4月	24日	松江体育協会解散
昭和20年	1945	3月		松江運動場、県のグライダー滑空練習場となり、スタンドの解体始まる
昭和21年	1946	1月		松江体育協会結成式
		11月	3日	第一回国民体育大会において、曽田英治200m競走優勝
昭和24年	1949	4月	30日	城山二の丸庭球コート2面完成(松江市殿町) 椿谷コート完成(松江市殿町)、第1回中国五県対抗バレーボール大会開催
昭和25年	1950	6月	1日	松江白潟プール竣工(松江市灘町)
昭和26年	1951	6月		城山武徳殿弓道射場を復旧建設
		7月	31日	椿谷球技場改修工事完成　バレーコート6面、周りに木製スタンド設置
昭和28年	1953	9月	29日	松江競輪場撤去(末次公園)
昭和33年	1958	8月	17日	松江有料道路の完工を機に、全国規模の玉造毎日マラソンを創設
		10月		第13回国民体育大会(富山県)において、松江工業高校男子バスケットボール部優勝
昭和37年	1962	8月		全国高等学校総合体育大会において、松江工業高校男子バスケットボール部優勝
昭和38年	1963	5月	18日	松江市立体育館竣工(白潟小学校体育館)
昭和39年	1964	6月		第19回国民体育大会(新潟県)において、松江工業高校男子バスケットボール部優勝
		9月	30日	岸清一博士銅像復元除幕式、ブランデージIOC会長が参列
		10月	10日	第18回東京オリンピック大会開催
昭和42年	1967			史跡松江城環境整備事業により椿谷コートは廃止し公園となる
昭和43年	1968	8月		全国高等学校総合体育大会において、松江工業高校男子バスケットボール部優勝
昭和47年	1972	9月		第20回オリンピック(ミュンヘン大会)において、塩川美知子(女子バレーボール)2位
昭和51年	1976	4月	3日	松江市総合体育館開館
昭和53年	1978	3月	27日	松江市議会において、松江市スポーツ都市宣言を制定
		3月	31日	楽山公園野球場竣工(松江市西川津町)
		9月	1日	松江市総合運動公園市営野球場竣工(松江市上乃木)
昭和54年	1979	4月	10日	松江体育協会、財団法人となる
昭和56年	1981	3月	31日	松江市営陸上競技場竣工(松江市上乃木)
昭和57年	1982	10月	3～8日	第37回国民体育大会(くにびき国体)開催
昭和59年	1984	8月		第23回オリンピック(ロサンゼルス大会)に金津義彦(フェンシング団体)出場
昭和63年	1988	9月		第24回オリンピック(ソウル大会)に金津義彦(フェンシング団体・個人)出場
平成2年	1990	3月	31日	松江北庭球場、松江市北運動広場竣工(松江市学園南)
平成4年	1992	7月～8月		第25回オリンピック(バルセロナ大会)に田部仁一(フェンシング個人)出場
平成13年	2001	8月	17～20日	全国中学校バスケットボール大会　松江市立湖東中学校(男子)が初優勝
平成18年	2006	10月	8日	松江市合併後、スポーツ都市宣言を行う
平成20年	2008	8月		第29回オリンピック(北京大会)に錦織圭(テニス男子シングル)出場
平成22年	2010			島根スサノオマジック創設、bjリーグに参加
平成24年	2012	7月～8月		第30回オリンピック(ロンドン大会)に錦織圭(テニス男子シングル)ベスト8
平成25年	2013	4月	1日	松江体育協会、公益財団法人となる
平成28年	2016	8月		第31回オリンピック(リオデジャネイロ大会)に錦織圭(テニス男子シングル)3位 同大会に渡利璃穏(レスリング女子フリースタイル75kg級)出場
令和3年	2021	7月		第32回オリンピック(東京大会)に錦織圭(テニス男子シングル、男子ダブルス)ともにベスト8

第一章

松江藩の武術

江戸時代にはスポーツ（競技）という概念はなく、身体を鍛錬《たんれん》する武術が一般的でした。松江藩の藩士は、剣術・槍術・柔術等の武術を学びその技を磨きました。また、力比べである相撲《すもう》は、松江藩主が非常に好み庶民にも人気があったのです。本章では、松江藩で行われた武術や相撲について紹介します。

城下に点在した武道場

松江藩では、武術に精通した藩士が師となり、その藩士が居住する屋敷内に設置した武道場で鍛《たん》錬《れん》が行われた。道場は、不伝《ふでん》流居《い》相《あい》と直信《じきしん》流柔道《じゅうどう》が内中原《うちなかばら》町、新当《しんとう》流兵法《ひょうほう》が北堀《きたほり》町、一指《いっし》流管槍《くだやり》が南《みなみ》田《た》町、樫原《かしはら》流鍵槍《かぎやり》が母衣《ほろ》町に置かれた。また弓道場《きゅうどうじょう》は城下各地に設置されたほか、京都の三十三間《さんじゅうさんげん》堂《どう》を模した道場が城下の西に設置され、遠くの的を狙って矢を射る「通《とお》し矢《や》」が行われていた。

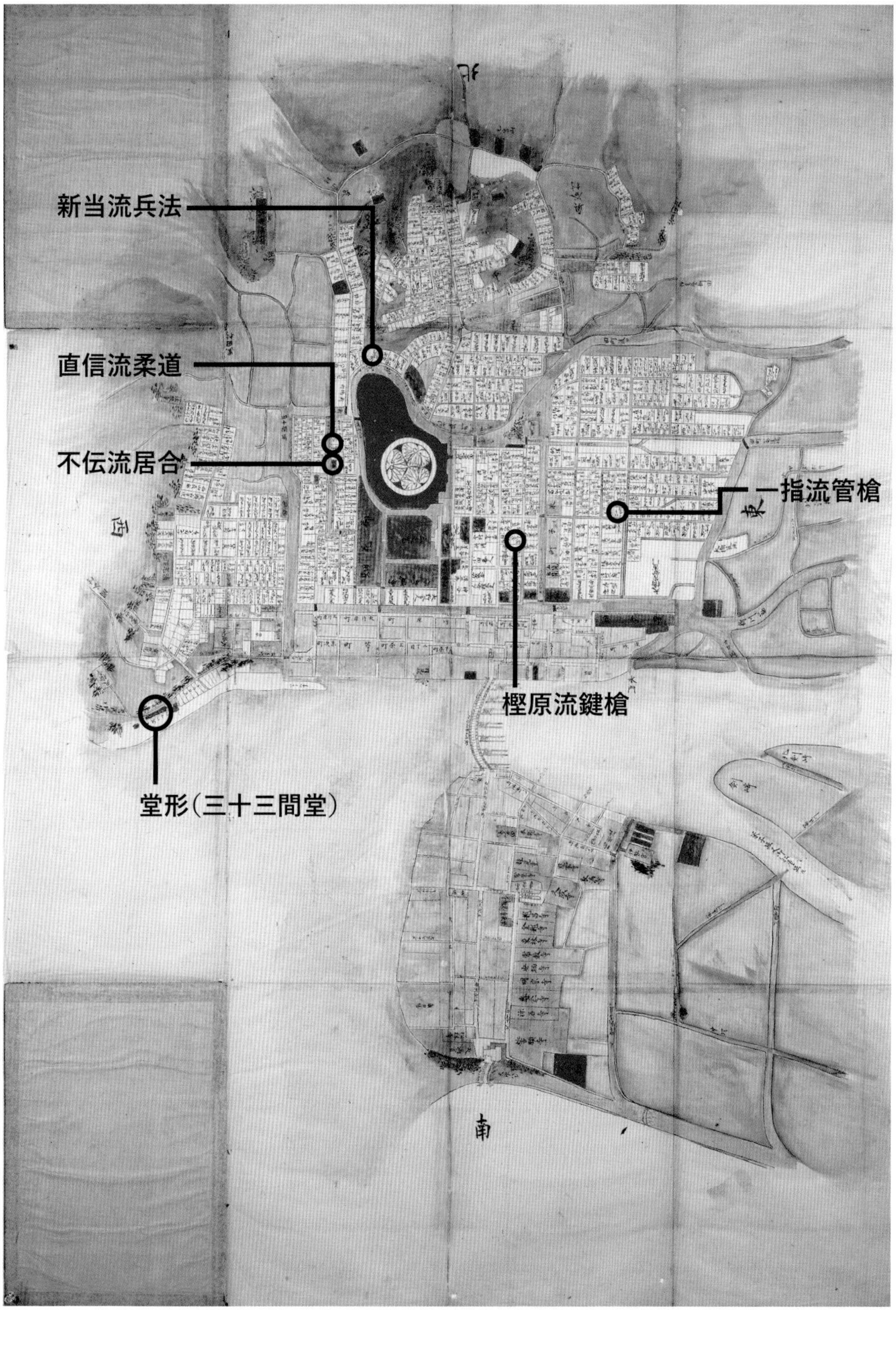

松江城下絵図　天保年間（一八三〇年頃）　松江歴史館蔵

江戸時代末期、藩校に武道場を集める

文久三年（一八六三）、松江藩は城下に点在していた学問場や武道場を統合し、殿町《との》（現在の島根県民会館付近）に藩校「文武館《ぶんぶかん》」を設置した。慶応元年（一八六五）には名称を「修道館《しゅうどうかん》」と改めている。本図は修道館の平面図である。館内に複数の教場を設置し、武術関係では、不伝《ふでん》流、新刀《しんとう》（当）流、直信《じきしん》流、一指《いっし》流、樫原《かしはら》流、一学《いっかく》（覚）流、大坪《おおつぼ》流馬術《ばじゅつ》、射術《しゃじゅつ》の名がみえる。

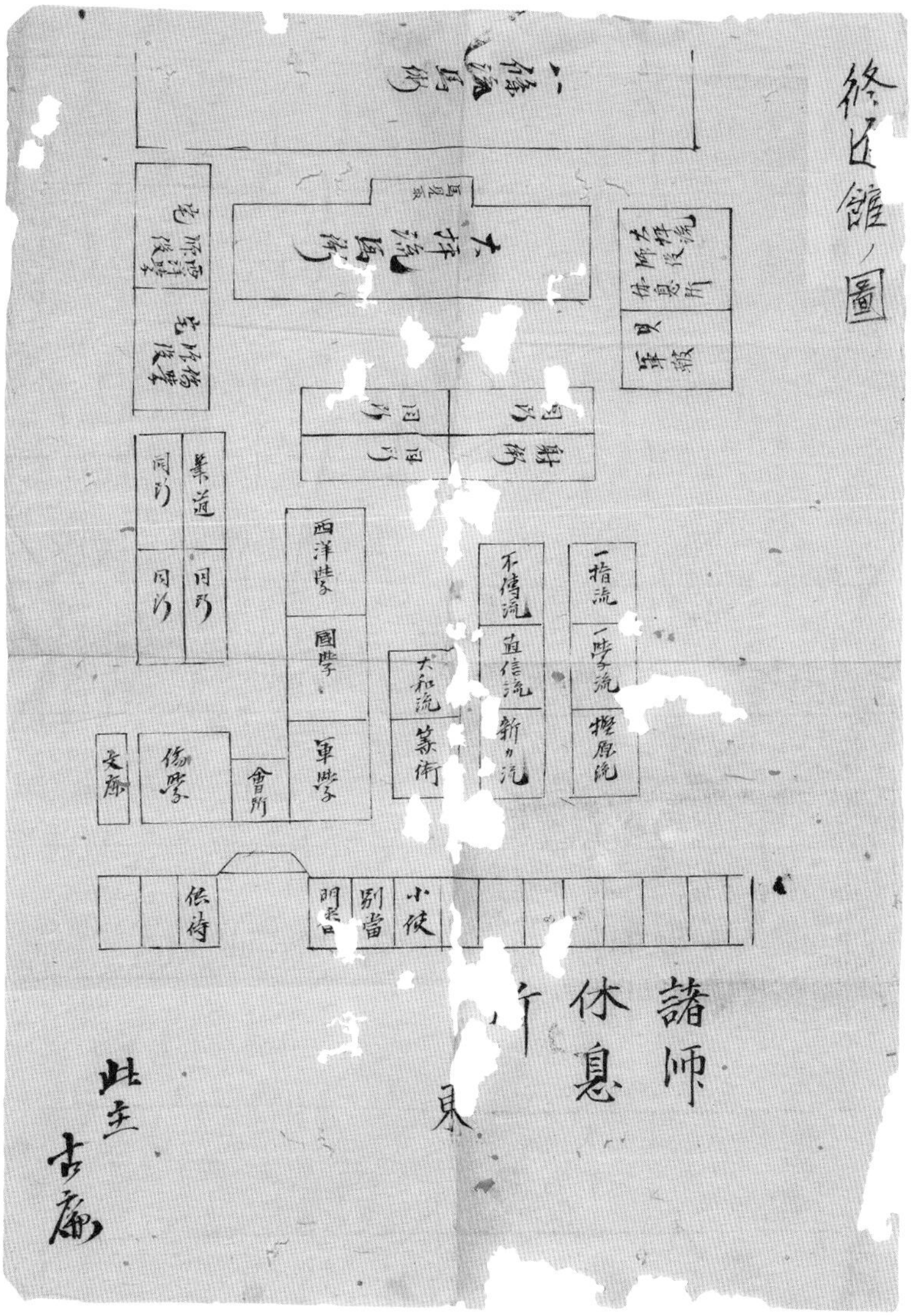

修道館絵図　慶応年間（一八六五年頃）　個人（松江歴史館寄託）

不伝《ふでん》流居相《いあい》

剣術のうち抜刀術。松平直政《まつだいらなおまさ》が伊藤不伝《いとうふでん》を登用して始まる。藩の武術としては明治二年（一八六九）八月に廃止となる。

新当《しんとう》流兵法《へいほう》

剣術のうち太刀打ちの術。松平直政が大石十大夫《おおいしじゅうたゆう》を登用して始まる。藩の武術としては明治二年（一八六九）八月に廃止となる。

直信《じきしん》流柔道《じゅうどう》

松平直政が寺田勘右衛門《てらだかんえもん》を登用して始まる。藩の武術としては明治二年（一八六九）に廃止となる。

一指《いっし》流管槍《くだやり》

槍術のうち管槍。松平直政が松本理左衛門《まつもとりざえもん》を登用して始まる。藩の武術としては明治二年（一八六九）に廃止となる。

樫原《かしはら》流鍵槍《かぎやり》

槍術のうち鍵槍。松平直政が横田八左衛門《よこたはちざえもん》を登用して始まる。藩の武術としては明治二年（一八六九）に廃止となる。

射術《しゃじゅつ》

松江藩では日置《へき》流、日置流竹林《ちくりん》派の弓術が行われた。北堀《きたほり》町、北田《きた》町、外中原《そとなかはら》町に弓道場を置く。

大坪《おおつぼ》流馬術《ばじゅつ》

江戸時代後期から松江藩で行われた馬術で、石田五兵衛《いしだごへえ》が師役を務めた。

一覚《いっかく》流拳法《けんぽう》

捕縛《ほばく》術の一つ。松江藩では一覚流拳法、鹿島《かしま》流棒《ぼう》、寄藤《よりふじ》流杖《じょう》が生け捕りの術として行われ、道場は雑賀町に置かれた。

不伝流居相《ふでんりゅういあい》

不伝流は江戸の浅山一伝《あさやまいちでん》に学んだ伊藤不伝《いとうふでん》が松江藩に登用されたことに始まる。居相（居合）の言葉通り、素早く刀剣を抜く抜刀術であった。松江藩の武術の中でも不伝流と一指流《いっしりゅう》は藩の御流儀《ごりゅうぎ》として重視されていた。

不伝流《ふでん》の極意を伝える

「凡《およ》そ居相《いあい》は居相也、居相は兵法《ひょうほう》也、兵法は居相也、一に曰《いわく》天地陰陽万物同一体也、口伝」に始まる本伝書は、居相師役《しやく》の一川五蔵《いちかわごぞう》伝外が死の四カ月前に始祖浅山《あさやま》一伝《いちでん》の口伝を記したもの。内容は伝書として伝わる『不伝流兵法伝書』と『兵法常抜構口伝』を足したものとほぼ同一である。五蔵伝外はこの伝書と同時に師の伊《い》藤不伝《とうふでん》が伝えた『不伝流兵法無言書』を記し、不伝流の極意を次代に伝えた。

不《ふ》伝流の流祖に当たる浅山一伝《あさやまいちでん》の霊塔である。伊藤不《いとうふ》伝次春《でんつぎはる》は江戸で浅山一伝の門人となり、浅山流の総合武術的なところを削ぎ、居相に特化した不伝流を起こした。霊塔は浅山一伝の没後八七年に当たる安永二年（一七七三）に不伝流の門人らが建立したものである。

参考　浅山一伝一存之霊塔　天倫寺（松江市堂形町）

不伝流系統図

- （始祖）浅山一伝一存 ― （初代）伊藤不伝次春 ― （2代）一川伝外正章
- （3代）一川円外正峯 ― （4代）一川五蔵正隣 ― （5代）荒木円左衛門徳候
- （6代）稲生田武右衛門安旨 ― （7代）荒木恵助武俊
- （8代）荒木左次兵衛遂通 ― （9代）荒木佐次郎

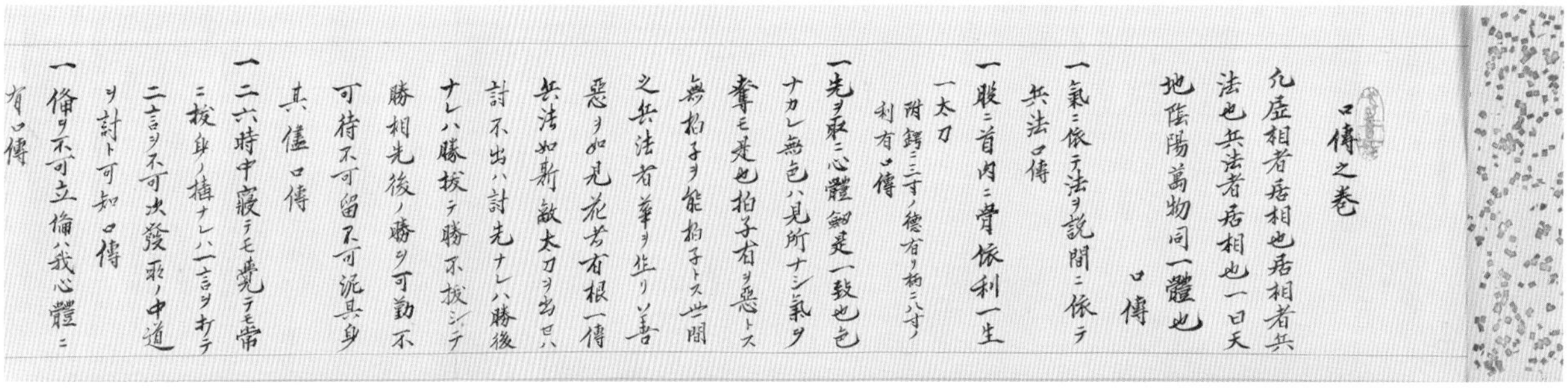
口傳之巻
凢居相者居相也居相者兵
法也兵法者居相也一曰天
地陰陽萬物同一體也
口傳
一氣ニ依テ法ヲ説聞ニ依テ
兵法口傳
一股ニ首肉ニ骨依利一生
一太刀
附鍔ニ三寸ノ徳有リ柄ニ八寸ノ
利有口傳
一先ヲ取ニ心體卿是一致也色
ナカレ無色ハ見所ナシ氣ヲ
奪モ是也拍子有ヲ悪トス
無拍子ヲ能拍子トス世間
之兵法者華ヲ生リ善
悪ヲ如見花若有根一傳
兵法如新敵太刀ヲ出セハ
討不出ハ討先ナレハ勝後
ナレハ勝抜テ勝不抜シテ
勝相先後ノ勝ヲ可勤不
可待不可留不可泥其身
其儀口傳
一二六時中寝テモ覚テモ常
ニ抜身ノ構ナレハ一言ヲ打テ
二言ヲ不可次發取ノ中道
ヲ討ト可知口傳
一倫ヲ不可立倫ハ我心體ニ
有口傳

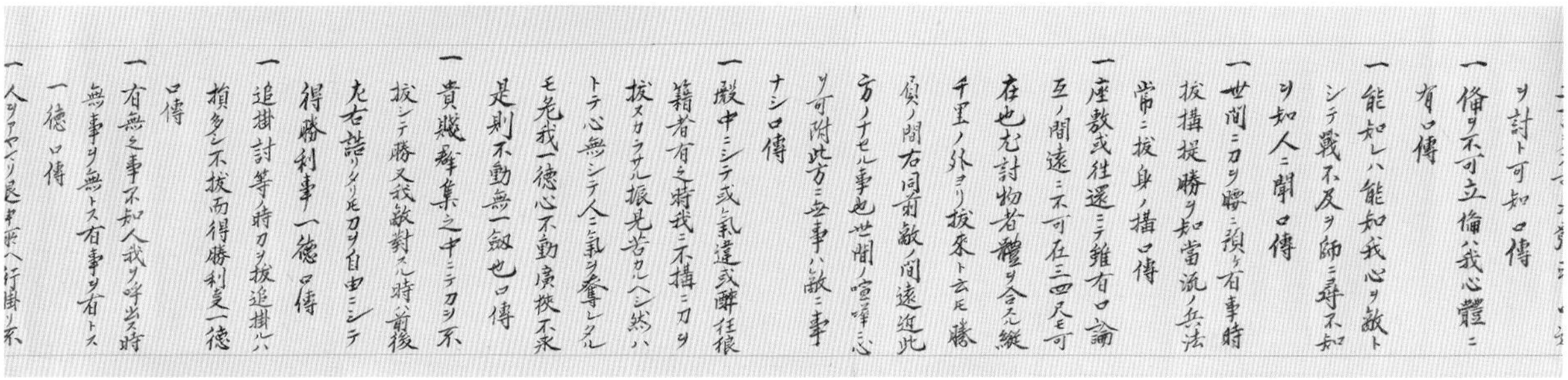
ヲ討ト可知口傳
一倫ヲ不可立倫ハ我心體ニ
有口傳
一能知レハ能知我心ヲ敵ト
シテ戦不及ヲ師ニ尋不知
ヲ如人ニ聞口傳
一世間ニ刀ヲ贈ニ預ヶ有事時
抜構捉勝ヲ知當流ノ兵法
常ニ抜身ノ構口傳
一座敷或往還ニテ雖有口論
互ノ間遠ニ不可在三四尺モ可
在也尤討物者體ヲ合スル縦
千里ノ外ヨリ抜來ト云モ勝
負ノ間右同前敵ノ間遠近此
方ノナセル事也世間ノ喧嘩ニ心
ヲ可附此方ニ無事ハ敵ニ事
ナシ口傳
一殿中ニシテ或ハ氣違或酔狂狼
籍者有之時我ニ不構ニ刀ヲ
抜ヌカラヌ振見苦カルヘシ然ハ
トテ心無シテ人ニ氣ヲ奪レヌ
モ死我一徳心不動廣狭不來
是則不動無一敵也口傳
一貴賤群集之中ニテ刀ヲ不
抜シテ勝又我敵對スル時前後
左右詰リタリモ刀ヲ自由ニシテ
得勝利事一徳口傳
一追掛討等ノ時刀ヲ抜追掛ル
損多シ不抜而得勝利变一徳
口傳
一有無之事不知人我ヲ呼出ス時
無事ヲ無トス有事ヲ有トス
一徳口傳
一人ヲアヤヘリ退中取ハ行掛リ不

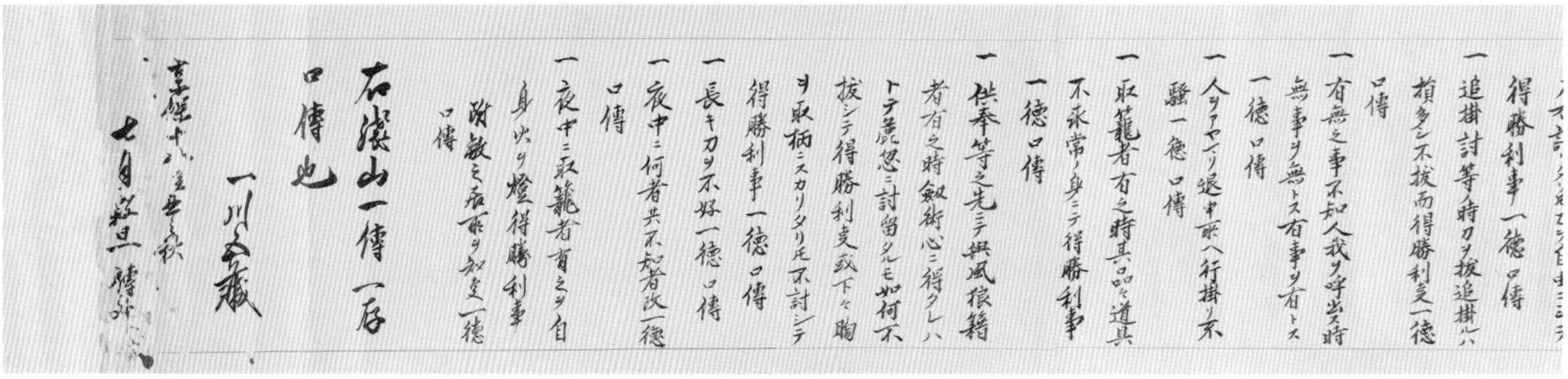
得勝利事一徳口傳
一追掛討等ノ時刀ヲ抜追掛ル
損多シ不抜而得勝利变一徳
口傳
一有無之事不知人我ヲ呼出ス時
無事ヲ無トス有事ヲ有トス
一徳口傳
一人ヲアヤヘリ退中取ハ行掛リ不
驗一徳口傳
一取籠者有之時其品々道具
不求常ノ身ニテ得勝利事
一徳口傳
一供奉等之先ニテ與風狼籍
者有之時斂術心ニ得タレハ
トテ麁忽ニ討留タルモ如何不
抜シテ得勝利变或下々駒
ヲ取柄ニスカリタリモ不討シテ
得勝利事一徳口傳
一長キ刀ヲ不好一徳口傳
一夜中ニ何者共不知者改一徳
口傳
一夜中ニ取籠者有之ヲ自
身火ヲ燈得勝利事
附敵之存所ヲ知变一徳
口傳
右淺山一傳一存
口傳也
一川五藏
享保十八癸丑之秋
七月穀旦　傳外

口伝之巻　享保一八年（一七三三）　松江歴史館

不《ふ》伝《でん》流居《い》相《あい》の師
一《いち》川《かわ》五《ご》蔵《ぞう》

伊《い》藤《とう》不《ふ》伝《でん》の次に不伝流居相の師となったのは、貞享元年（一六八四）に坊《ぼう》主《ず》として登用された一川五蔵である。五蔵は正徳元年（一七一一）九月に還俗して居相の師となり、享保二年（一七一七）に士分となる。一川家は四代五《ご》大《だ》夫《ゆう》まで続いて師《し》役《やく》を務めるが、文化二年（一八〇五）に失脚し断絶した。

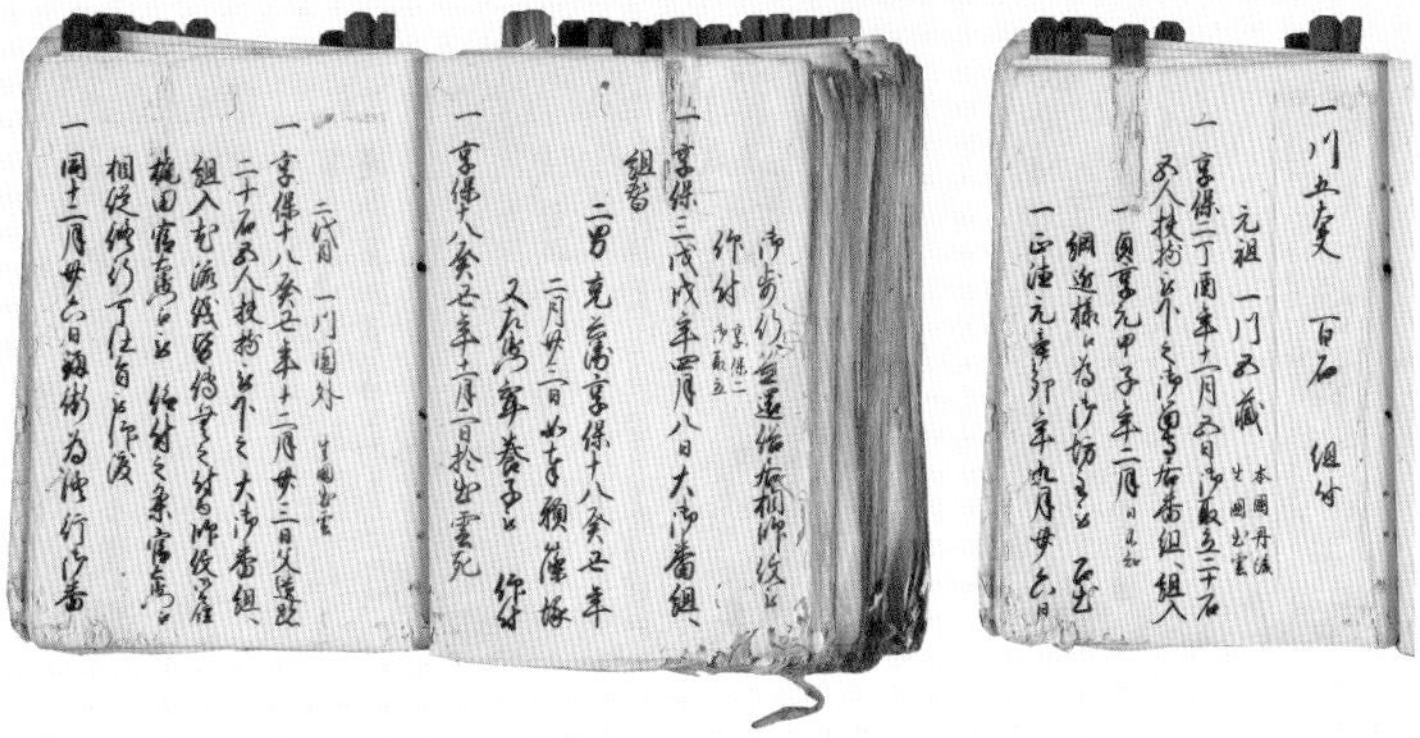

『列士録断絶帳』より「一川家」　江戸時代　島根県立図書館

「一川五大夫　　百石　　組付」

元祖一川五蔵　本国丹後 生国出雲

一享保二丁酉年十一月五日、御取立二十石
五人扶持被下之、御留守居番組へ組入、
一貞享元甲子年二月日不知、
綱近様江為御坊主被　召出、
一正徳元辛卯年九月廿六日、
御歩行へ並還俗居合師役被仰付、享保二 御取立
一享保三戊戌年四月八日、大御番組へ
組替、
二男克兵衛、享保十八癸丑年
二月廿三日、如奉願篠塚
又左衛門婿養子被　仰付、
一享保十八癸丑年十一月二日、於出雲死、

二代目　一川円外　生国出雲

一享保十八癸丑年十二月廿三日、父遺跡
二十石五人扶持被下之、大御番組へ
組入、尤流儀皆伝無之付而、師役御雇
梶田官右衛門江被　仰付之条、官右衛門江
相従修行可仕旨被仰渡、
一同十二月廿六日、鈫術為修行御番御免、
一元文三戊午五月廿三日、居合師役被　仰付、
（以下略）

初代 伊《い》藤《とう》不《ふ》伝《でん》のサイン付き免許状

免許状とは、武術を学び、練達したと師が認めたことを示す文書である。流派の師から師へ武術が伝達していったことがわかるように各時代の師《し》役《やく》の名が並ぶ。この免許状は当時の不伝流師役荒《あら》木《き》純《じゅん》左《ざ》衛《え》門《もん》が稲《い》生《の》田《だ》鉄《てつ》五《ご》郎《ろう》へ与えたものである。不伝流の初代である伊藤不伝が天和三年（一六八三）に発給した免許状を継ぎ足し伝来したのであろう。

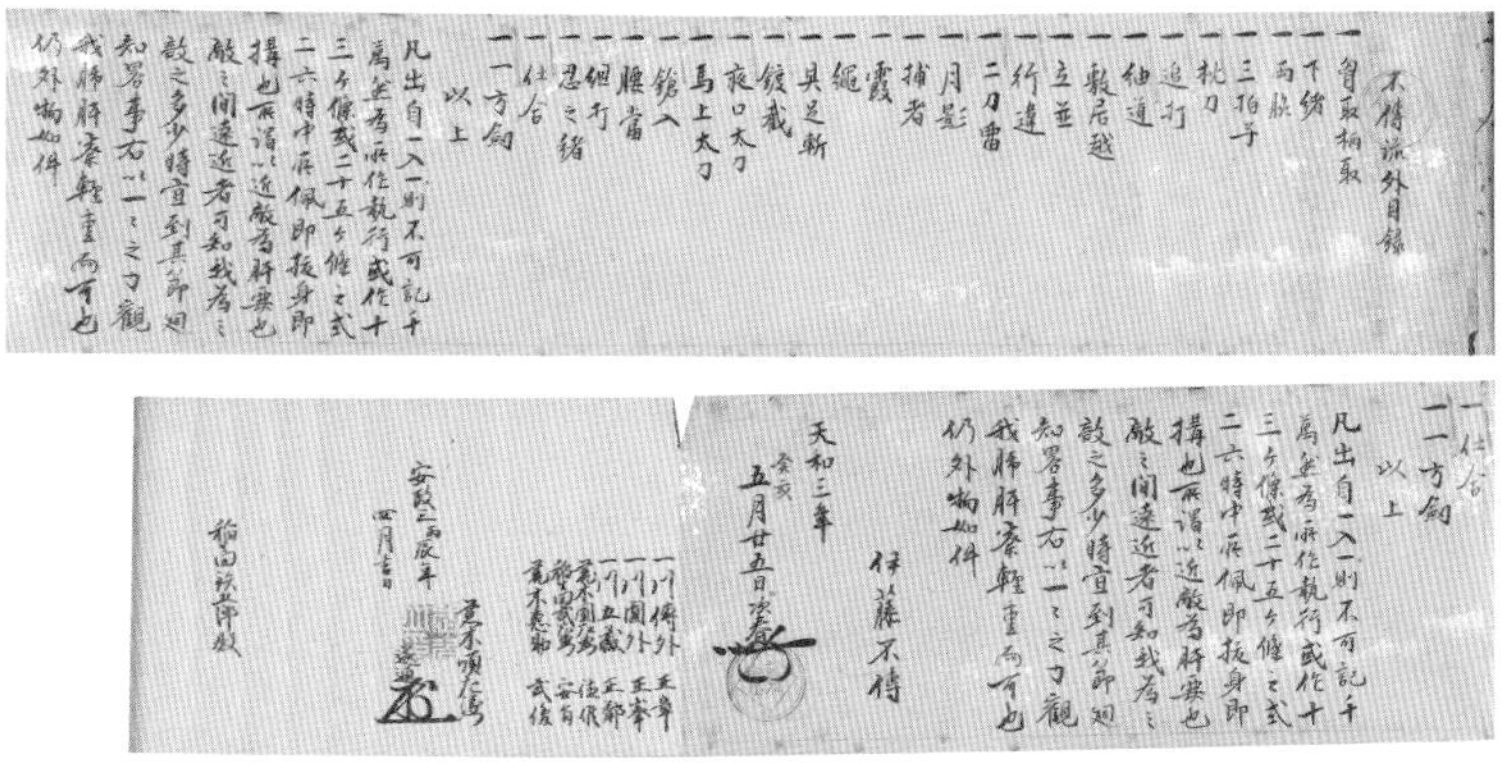

不伝流外目録　安政3年（1856）　松江歴史館

師《し》役《やく》となる一《いち》川《かわ》円《えん》外《がい》が授かった免許状

初代伊《い》藤《とう》不《ふ》伝《でん》の教えは一《いち》川《かわ》五《ご》蔵《ぞう》が受け継ぐ。五蔵の没後、子の伴《とも》左《ざ》衛《え》門《もん》はすべての教えを受け継いでいなかった。そのため、一時的に梶《かじ》田《た》官《かん》右《え》衛《もん》門が雇われて不伝流を教えていた。

本書は梶田が一川伴左衛門円外に与えた免許状である。一川五蔵の死去から四年を経て不伝流の師役は再び一川家となった。

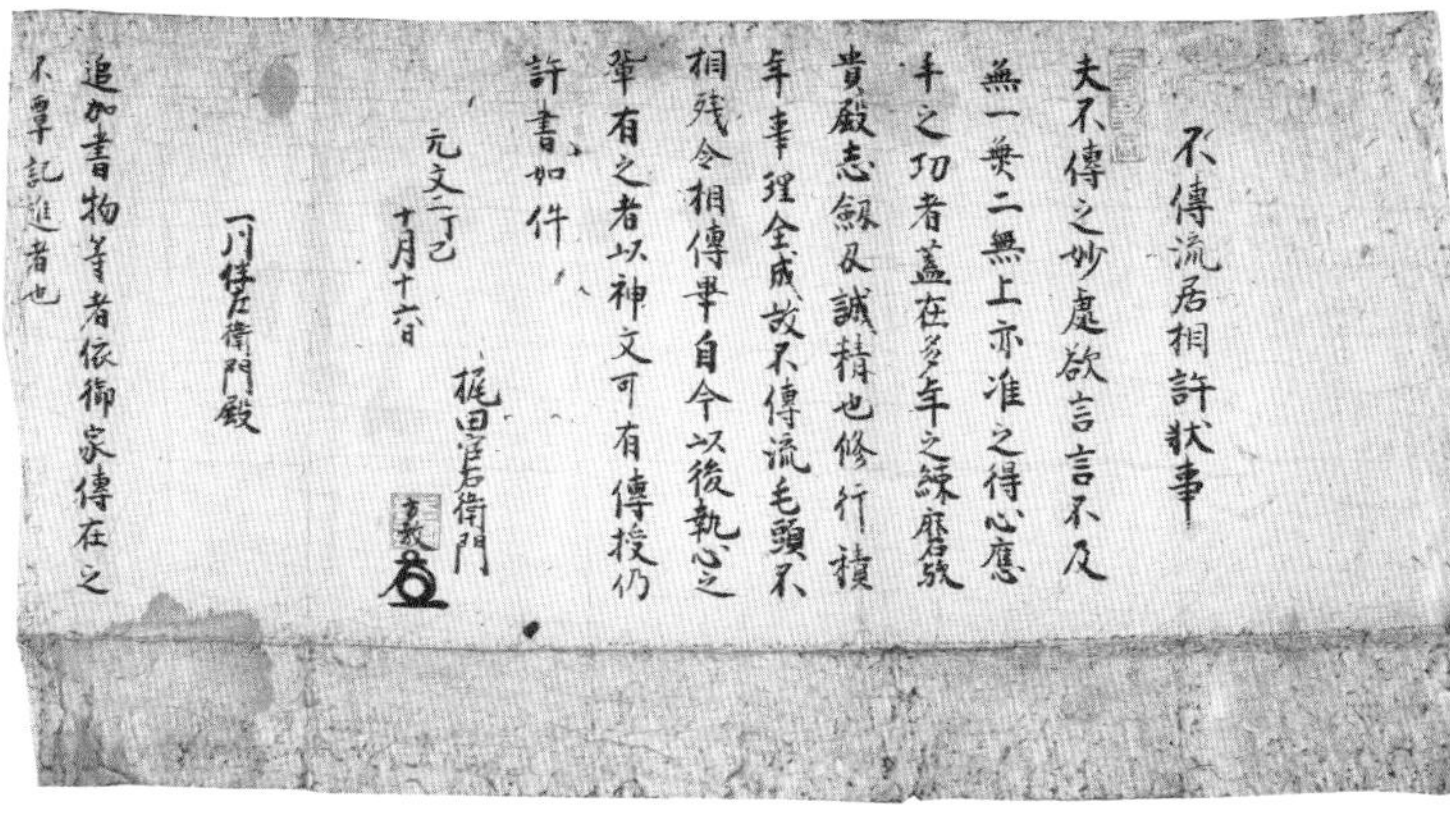

不伝流居相許状事　元文2年（1737）　松江歴史館

新当流兵法《しんとうびょうほう》

新当流は遠江《とおとうみ》国の浪人古川源内《ふるかわげんない》が寛永十七年（一六四〇）に松江藩主松平直政《まつだいらなおまさ》に登用されたことに始まる。古川源内は後に名を大石源《おおいしげん》内《ない》と改める。「新当」とは日々新たなる義を、「兵法」とは刀剣を使用する剣術を意味する。明治維新後、大石家の私宅を開放し、稽古場としたが、廃刀令《はいとうれい》、そして師範大石十大夫の死により道場は廃された。

参考　四代大石源内墓　常教寺（松江市寺町）

大石家代々の墓碑の右後方にあるのが、新当流《しんとう》師役《しやく》を務めた4代大石源内《おおいしげんない》の墓碑である。墓碑に刻まれた碑文は松江藩儒園山酉山《そのやまゆうざん》の撰文で、海野叔明《うんのしゅくめい》の書になる。

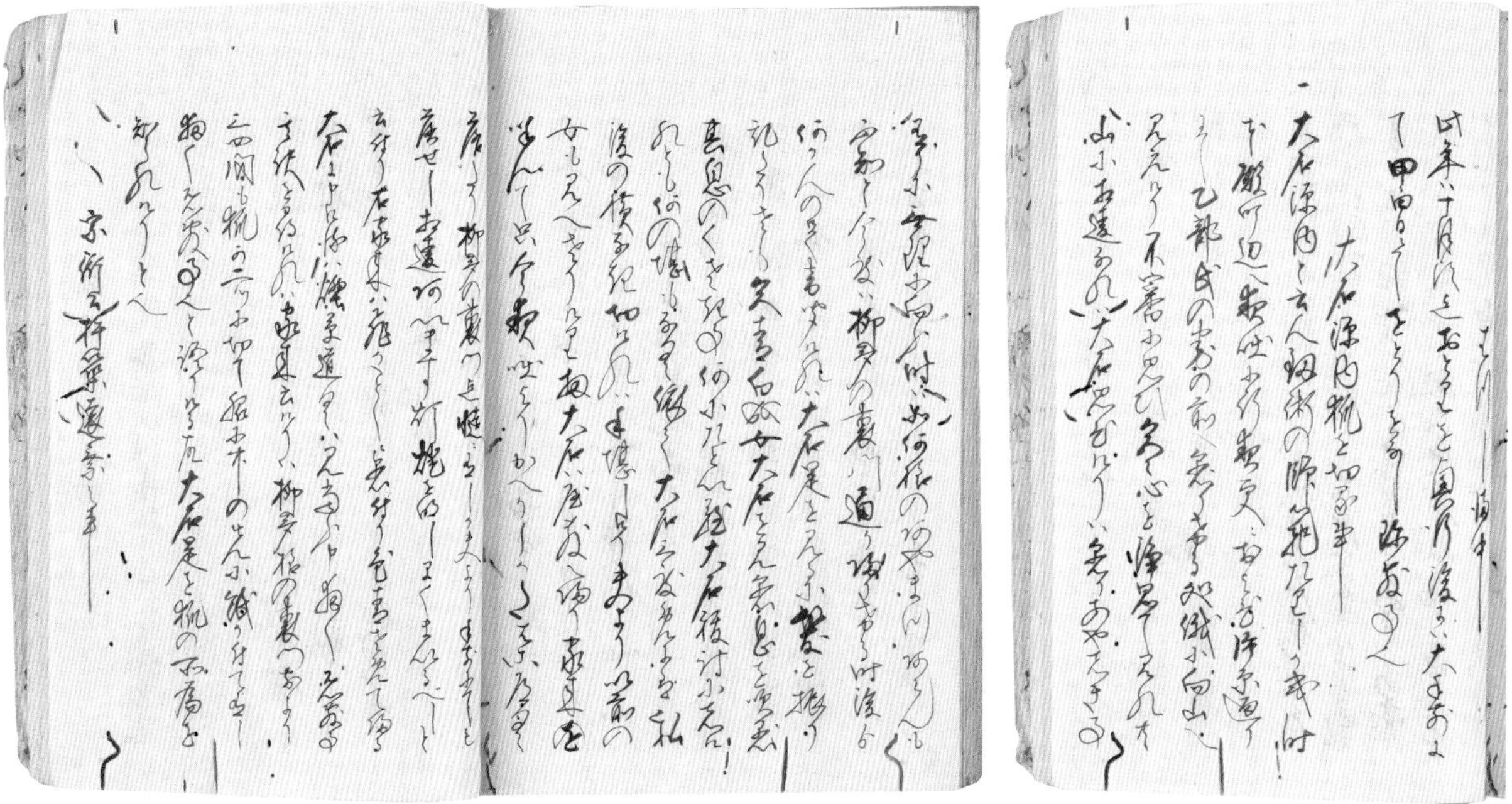

『雲陽秘事記』より「大石源内狐を切る事」
江戸時代　松江歴史館

狐《きつね》を斬った新当《しんとう》流の師 大石源内《おおいしげんない》

新当流師役《しやく》の大石源内が殿町《との》周辺を歩いていると、突然大きな山が現れ、道を変えると今度は、青白い顔色の女が現れた。源内がすかさず切り付けると女は姿を消す。帰宅後、家来に落とし物を捜させたところ、大きな狐が真っ二つになって死んでいたという。化け狐も大石の手にかかれば、ひとたまりもなかったようだ。

大石源内狐を切る事

一大石源内と云人釼術の師範たりしか、或時本殿町辺へ夜咄に行、夜更ニおよひ片原通りにて乙部氏の宅の前へ懸りける処、俄に向山へ見えけり、不審に思ひ色々心を浄めて見れ共山に相違なれハ、大石思ひけりハ懸りあやしき事有りに無理に向ふ時ハ如何様のあやまつあらんも不知と、今度ハ柳多の裏門通り帰りける時、後ゟ何か人の足音聞けれハ大石足を見るに髪を振り乱たりさも色青白成女、大石を見懸息を吹懸其息のくさき事何にたとい難、大石抜討にしけれとも何の堪もなく、依之大石三度めには私後の横なき切けれハ手堪しけり、夫より以前の女も見へさりけり、扨大石ハ屋敷へ帰り家来を呼んで只今夜咄よりかへりしか、たはこ道具落たり、柳多の裏門迄ニ有しか、夫より手前にても落せし相違あいます、灯燈を明し早くまいるべしと云付り、右家来ハ飛かことくニ懸付り、色青さめて帰る、大石に申けるは煙草道具ハ見当不申、扨〳〵恐敷事其訳を尋けれハ、家来云けりハ柳多様の裏門前より三四間の狐か二ツに切て脇に竹の先に紙か付て有し扨〳〵恐敷事也と語りける故、大石是を狐の所為を知られけりと也、

新当《しんとう》流兵法《ひょうほう》の師役《しやく》に伝わった伝書群

新当流剣術の師役は江戸時代を通じ、大石家が務めていた。その大石家に伝来した伝書で、初代古川源内《ふるかわげんない》から二代大石十左衛門《じゅうざえもん》に新当流の極意を伝授したもの。文字だけではなく、刀剣を持った人型で剣術の形《かた》を表す。

髙上極位之太刀(仕合霞位之霞)
髙上極位之太刀(仕合間位間)
髙上極位之太刀(仕合霞玉簾)
髙上極位五段之切紙
髙上極位無一剣
極意七条之太刀
七ヶ条之太刀
兵学書
極意外物
十首之引歌
寛文五年（一六六五）　松江歴史館

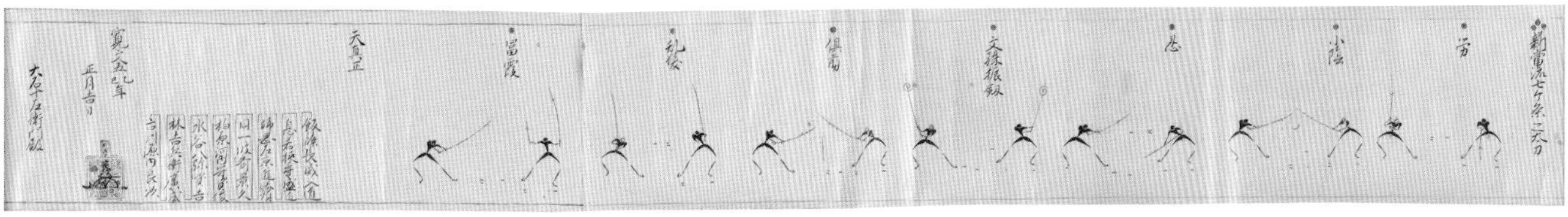

七ヶ条之太刀

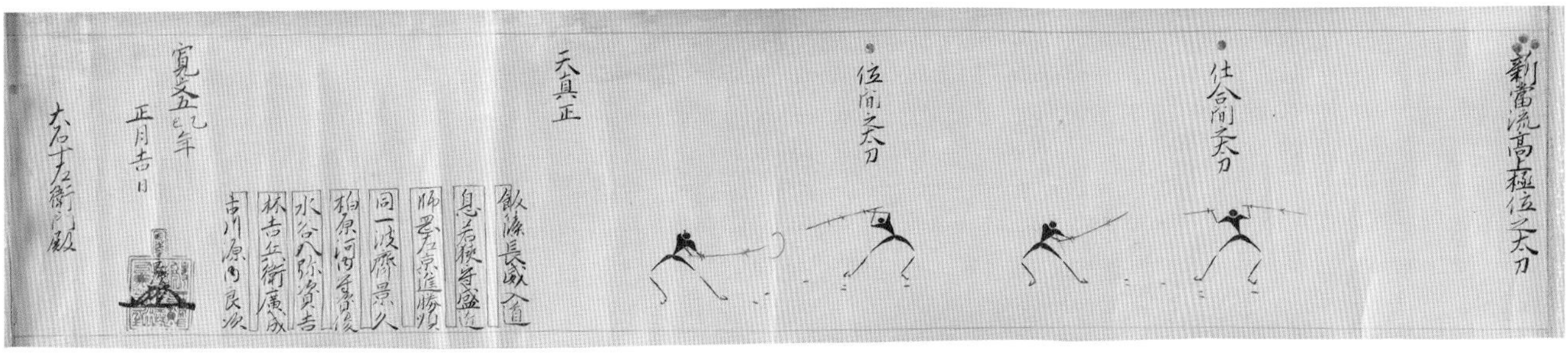

髙上極位之太刀(仕合間 位間)

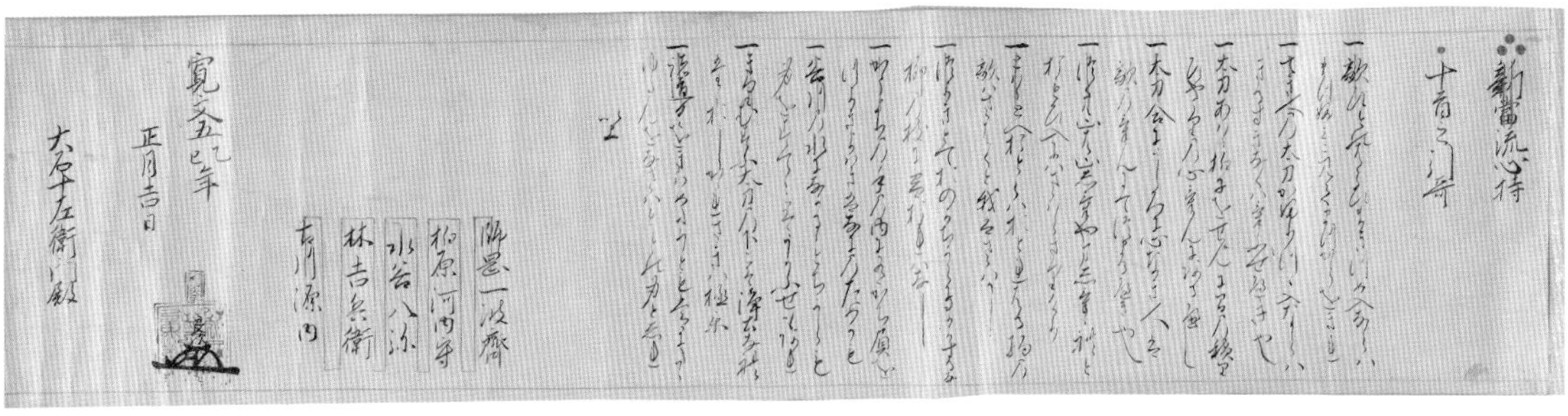

十首之引歌

一《いっ》指《し》流管《くだ》槍《やり》

一指流管槍は、陸奥《むつ》国の最上《もがみ》家に仕えていた松本理左衛門《まつもとりざえもん》(号一指《いっし》)が槍術《そうじゅつ》を修め、完成した流派である。最上家断絶後、江戸に出て槍術を指南していた松本理左衛門は、寛永十五年(一六三八)に松江藩主松平直政《まつだいらなおまさ》に召し抱えられた。一指流は不伝《ふでん》流と同じく松江藩の御《お》流儀《りゅうぎ》とされ重視された。

参考　一指松本君墓碑　清光院(松江市外中原町)

清光院《せいこういん》観音堂の脇に立つ初代松本理左衛門一指《まつもとりざえもんいっし》の墓碑で、高さが3m弱ある。墓碑の四面に碑文があり、松江藩儒の桃西河《ももせいが》、桃翠庵《ももすいあん》の撰文である。

天下に名を知られた松本理左衛門《まつもとりざえもん》

松本理左衛門一指《いっし》は槍術《そうじゅつ》を修め、陸奥《むつ》国の最上《もがみ》家に仕えていた。最上家断絶後は江戸に出て槍術を指南していたところ、松江藩主松平《まつだいら》直政《なおまさ》に仕えることになり、その槍術を「一指流」と称したと伝える。『本朝武芸小伝《ほんちょうぶげいしょうでん》』は日本最古の武芸者列伝で、射術《しゃじゅつ》・馬術《ばじゅつ》・刀術《とうじゅつ》・槍術等十項目に分けて宮本武蔵《みやもとむさし》ら武術各流派の創始者を紹介する。

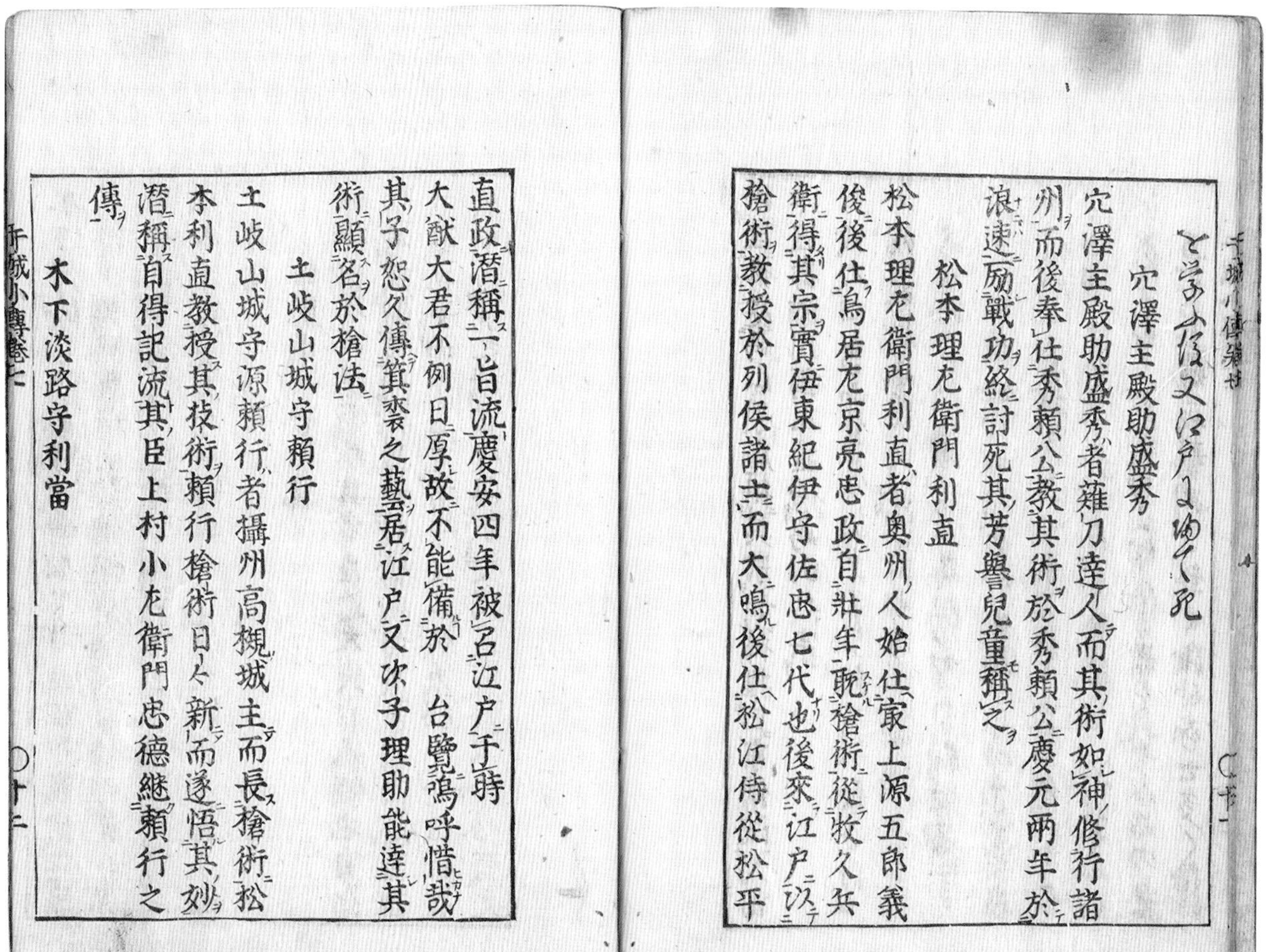

と号ス後又江戸ニ而死
宍澤主殿助盛秀
宍澤主殿助盛秀者薙刀達人而其術如神修行諸州而後奉仕秀頼公教其術於秀頼公慶元両年於浪速励戦功終討死其芳譽兒童稱之
松本理左衛門利直
松本理左衛門利直者奥州人始仕家上源五郎義俊後仕鳥居左京亮忠政自壯年既槍術従牧久兵衛得其宗實伊東紀伊守佐忠七代也後來江戸以槍術教授於列侯諸士而大鳴後仕松江侍従松平直政潛稱一旨流慶安四年被召江戸于時大猷大君不例日厚故不能備於　台覧嗚呼惜哉其子惣乂傳箕裘之藝居江戸又次子理助能達其術顯名於槍法
土岐山城守頼行
土岐山城守源頼行者攝州高槻城主而長槍術松本利直教授其技術頼行槍術日々新而遂悟其妙潛稱自得記流其臣上村小左衛門忠德継頼行之傳
木下淡路守利當

『本朝武芸小伝』七　槍術
享保元年(1716)刊、日夏繁高著　松江歴史館

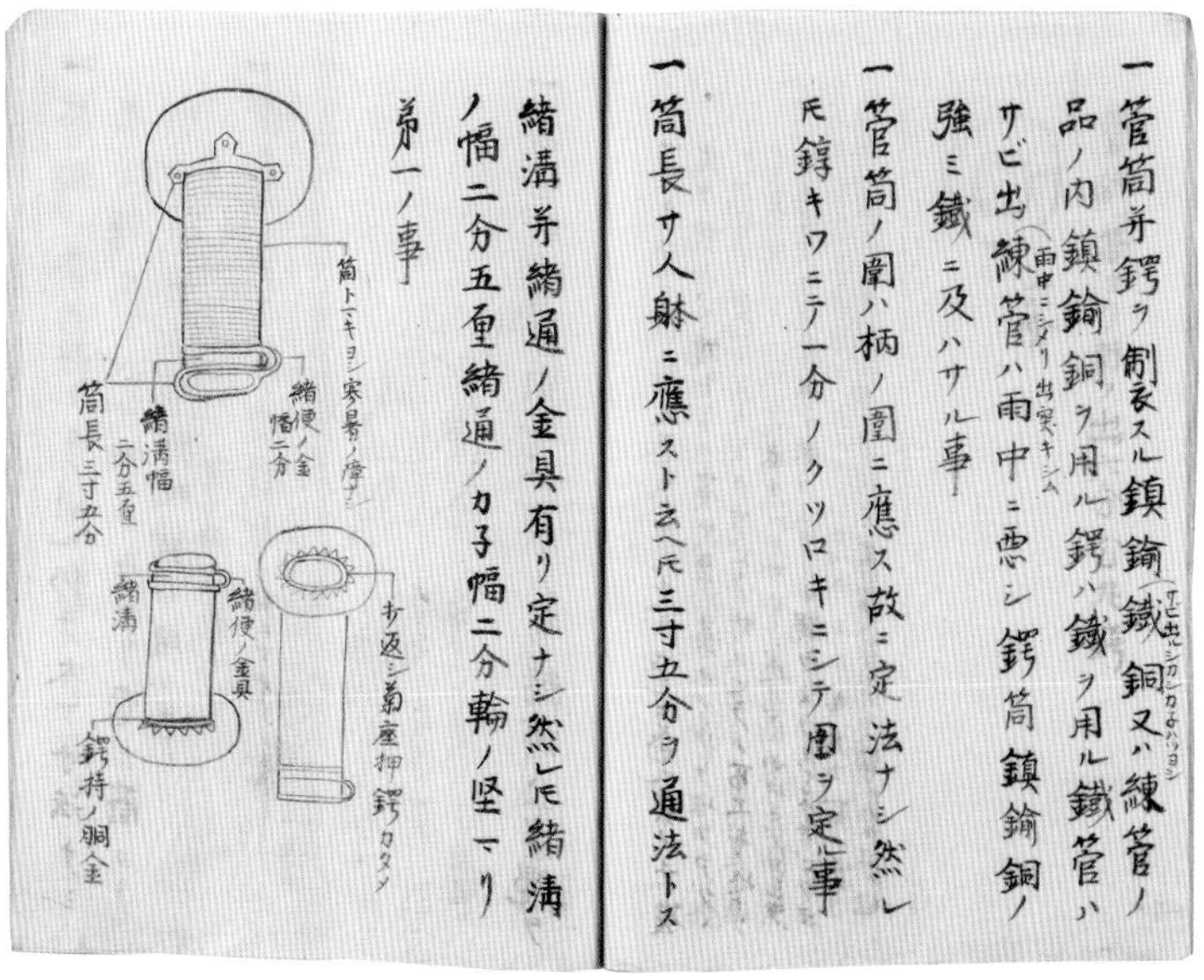
一管筒并鍔ヲ制表スル鎮鑰鐵銅又ハ練管ノ品ノ内鎮鑰銅ヲ用ル鍔ハ鐵ヲ用ル鐵管ハサビ出練管ハ雨中ニ悪シ鍔筒鎮鑰銅ノ強ミ鐵ニ及ハサル事
一管筒ノ圍ハ柄ノ圍ニ應ス故ニ定法ナシ然レ氏鎺キワニテ一分ノクツロキニシテ圍ヲ定ル事
一筒長サ人躰ニ應スト云ヘ氏三寸五分ヲ通法トス
緒満并緒通ノ金具有リ定ナシ然レ氏緒満ノ幅二分五重緒通ノカ子幅二分輪ノ竪マリ
并ニ一ノ事

一指流管槍製法
江戸時代　個人（松江歴史館寄託）

管槍《くだやり》を作るため、各部の寸法や材質を記す

刀身である穂《ほ》の長さは三寸八分（十一・五㎝）、穂先《ほさき》から石突《いしづき》までが一丈二尺（三・六ｍ）、柄の材質は肥前《ひぜん》国や土佐《とさ》国の樫《かし》がよいなどと記す。一指流《いっし》管槍として最適の寸法や材質を伝えている。

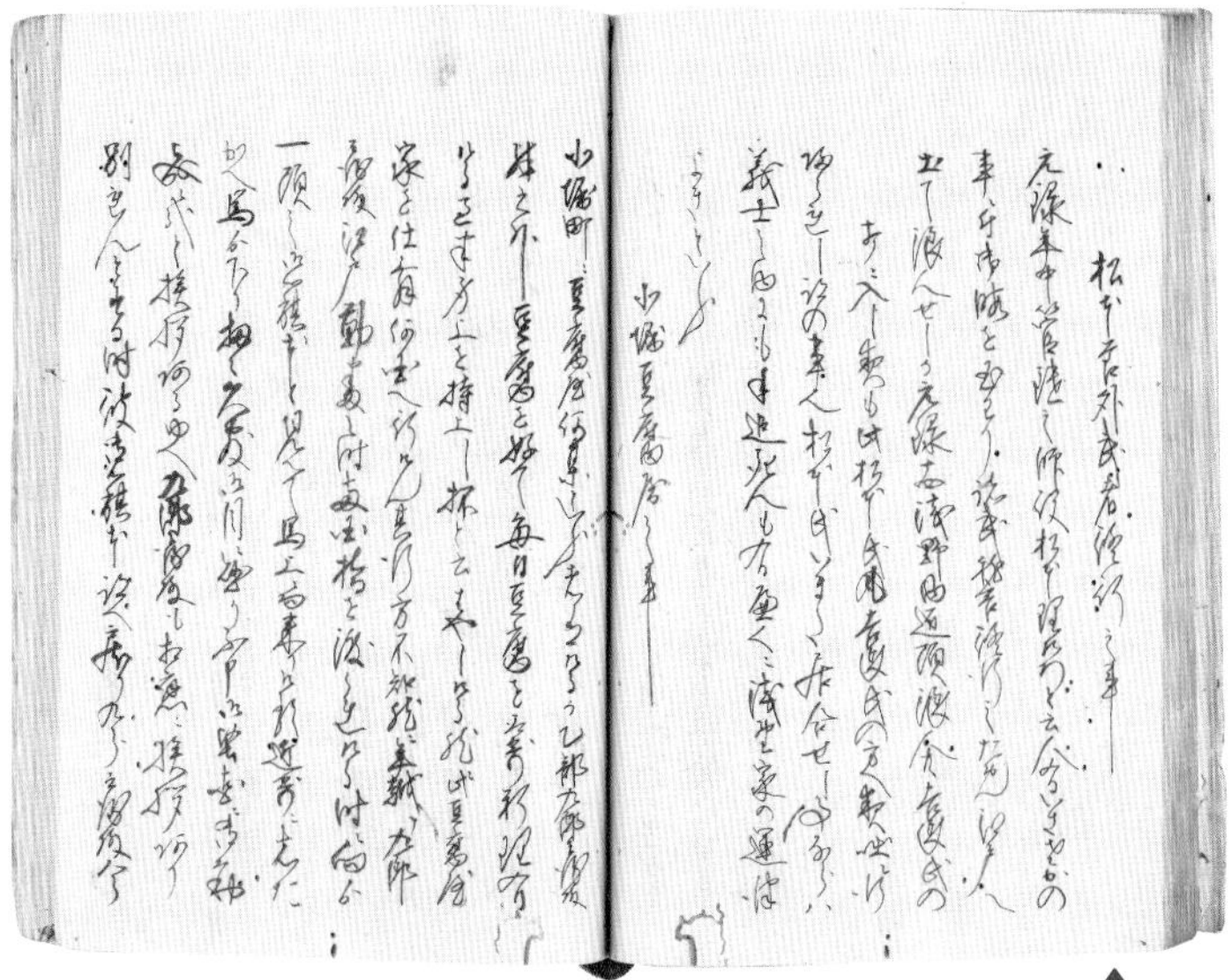

『雲陽秘事記』より
「松本節外武者修行之事」
江戸時代　松江歴史館

▲

松本節外武者修行之事
元禄年中管鎗之師役松本理左衛門と云人有、いささかの事ニ付御暇を玉わり、諸武稽修行之ため江戸へ出て浪人せしか、元禄十四浅野内匠頭浪人共吉良氏の打ニ入し夜も此松本氏も吉良氏の方へ夜咄ニ行、帰られし跡の事也、松本氏いまた居合せし事ならハ、義士之内にも手追死人も有へくニ浅野家の運つよきといふ。

赤穂浪士《あこうろうし》が返り討ちにあっていたかも

元禄年中に武者修行のため江戸に出た松本理左衛門《まつもとりざえもん》節外は、吉良上野介《こうずけのすけ》邸に出入りしていた。赤穂浪士が吉良《きら》邸に討ち入ったのは、理左衛門が屋敷を出た直後であった。もし理左衛門が屋敷にいたならば、赤穂浪士に死傷者が出たであろう。浅野家は運が強かった、と記す。

高速の突きに特化した管槍《くだやり》

管槍とは、槍の柄に通した金属の管《くだ》を左手で握り、右手で柄を持ち前後に抜き差しする槍のことである。右手の前後運動だけで槍を突くことができるため、両手で扱う槍よりも高速で突くことができる。その形から管槍《くだやり》と呼び、早さから『早槍《はややり》』とも書く。

一指流管槍　江戸時代　個人（松江歴史館寄託）

樫原流鍵槍《かしはらりゅうかぎやり》

―槍に付いた鍵で相手の攻撃を封じる―

松江藩の樫原流鍵槍は、樫原流の始祖樫原五郎左衛門《かしはらごろうざえもん》に学んだ横田八左衛門《よこたはちざえもん》が松江藩主松平直政《まつだいらなおまさ》に仕えたことに始まる。鍵槍とは、柄の上部に横へ突き出る鉄製の鍵を取り付けた槍のことで、この鍵を用いて相手の槍をからめ落としひっかけて倒した。

樫原流系統図

（始祖）樫原五郎左衛門 ―― （初代）横田八左衛門 ―― （2代）武井所左衛門清芳
（3代）武井所左衛門重好 ―― （4代）武井諸左衛門清国 ―― （5代）山内台蔵方道
（6代）吉田小右衛門重教 ―― （7代）山内嘉兵衛方章 ―― （8代）笠原五郎大夫時至
（9代）斎藤茂左衛門章甫 ―― （10代）山内嘉兵衛方誠 ―― （11代）大島伝左衛門和信
（12代）山内嘉兵衛方信 ―― （13代）勝秀一郎裕秀

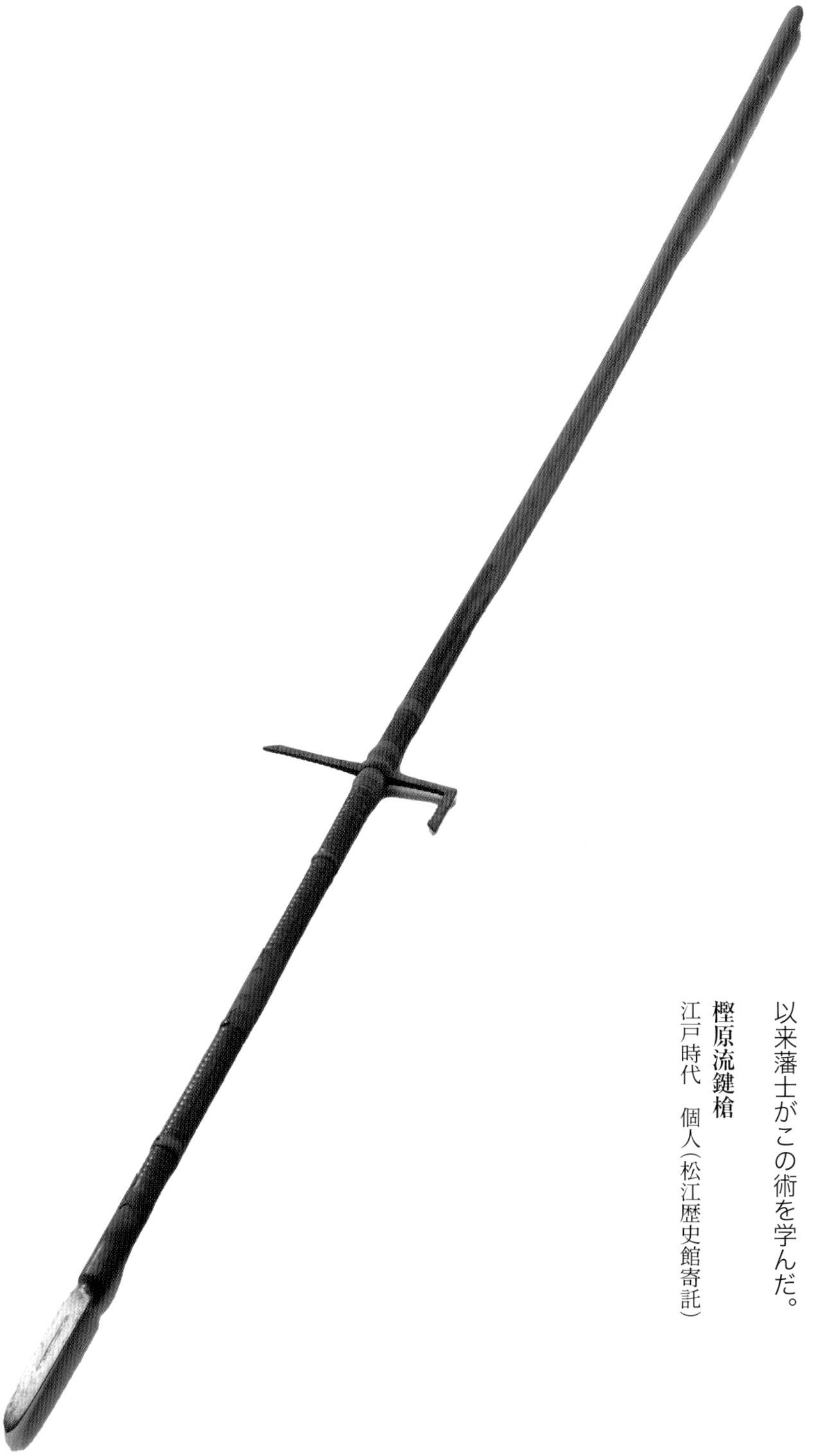

ひっかけ金具が付いた槍《やり》

通常の槍（素槍《すやり》）の上部に鍵《かぎ》の形をした鉄製の横手《よこて》を取り付けた槍を鍵槍《かぎやり》と呼ぶ。この鍵は敵の槍をからめ落とし、ひっかけて倒すことに効果的であった。松江藩では寛永十年（一六三三）に樫原《かしはら》流槍術《そうじゅつ》を修めた横田八左衛門《よこたはちざえもん》を登用し、以来藩士がこの術を学んだ。

樫原流鍵槍
江戸時代　個人（松江歴史館寄託）

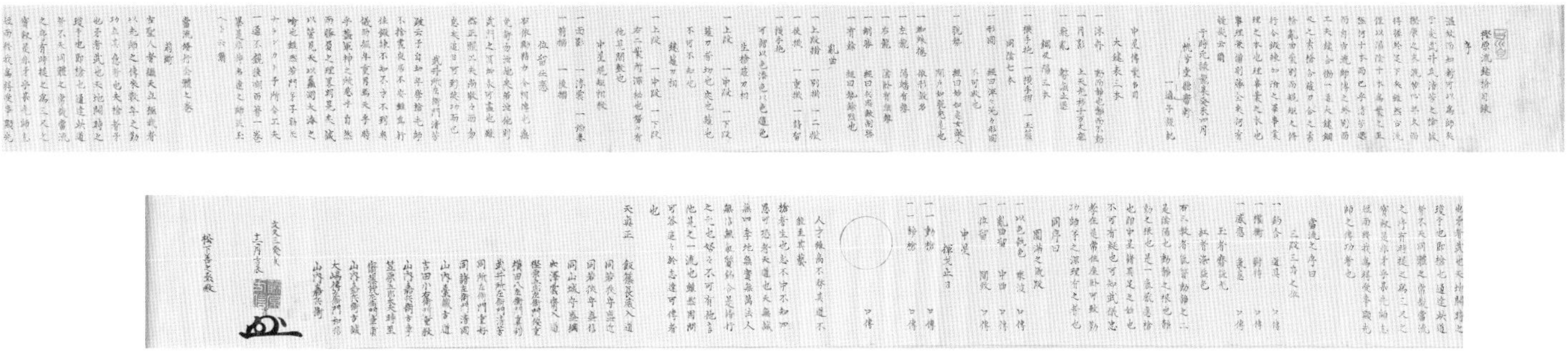

樫原《かしはら》流鍵槍《かぎやり》の業《わざ》の一覧

江戸時代末期の樫原流鍵槍の師役《しやく》山内嘉兵衛《やまうちかへえ》が松下善之丞《まつしたぜんのじょう》に授けた樫原流鍵槍の目録である。目録は身に付けた武術の形《かた》を一覧にして記したもの。「浮舟《うきふね》」「月影《つきかげ》」等の形の他、巻末に日本武道の源流の一つである天《てん》真正伝香取神道流《しんしょうでんかとりしんとうりゅう》の創始者飯篠長威《いいざさちょうい》に始まる伝系を記す。

樫原流鍵槍目録
文久三年（一八六三）
個人（松江歴史館寄託）

明治時代後期の武術免許状

明治三四年（一九〇一）、勝秀一郎《かつしゅういちろう》から松《まつ》下善之丞《したぜんのじょう》に宛てて、樫原《かしはら》流鍵槍《かぎやり》を残らず伝授したと記す。樫原流は松江藩士山内《やまうち》家が長く師役《しやく》を務めていた。明治維新後、山内家から伝統を相続した勝が免許した。勝の死後、樫原流は松下善之丞が続け、息子の松下弘《ひろむ》へ技を伝えた。

樫原流鍵槍免状
明治三四年（一九〇一）
個人（松江歴史館寄託）

直信流柔道《じきしんじゅうどう》
―「柔道」の名称を日本で初めて使う―

松江藩武術のうち、体術《たいじゅつ》を直信流柔道という。直信流柔道の技法の特徴は、相手を一撃で倒す技の威力、相手と離れて間合いを取って施す技の早業《はやわざ》や当身技《あてみわざ》、敵が攻撃してくれば投げ技及び当身技で先制すること、裏太刀《うらたち》による精神鍛錬であった。当初は「直心流柔《じきしんやわら》」と称していたが、享保九年（一七二四）に「直信流柔道」と改めた。嘉納治五郎《かのうじごろう》の講道館《こうどうかん》柔道が柔道の名を使用するより約一五〇年前に、日本で初めて「柔道」と称した武術であった。

寺田家に始まる直信流柔道《じきしんじゅうどう》

直信流柔道の流祖寺田平《てらだへい》左衛門定安《ざえもんさだやす》から江戸時代末期の師役堤六大夫重正《しやくつつみろくだゆうしげまさ》までの系統を筆で書き、明治時代以降の師である井上次治《いのうえじじ》部大夫正敬《ぶだゆうまさたか》と松下善之丞栄《まつしたぜんのじょうひで》道《みち》の名を鉛筆で加筆する。この系統は免許状で記されるものと同様である。

参考　寺田勘右衛門墓石　清光院（松江市外中原町）

直信流《じきしん》の流祖に当たる寺田勘右衛門《てらだかんえもん》の墓石である。墓石は勘右衛門の150回忌に当たる文政6年（1823）に当時の師役《しやく》であった雨森行清《あめのもりゆききよ》、横山純《よこやまじゅん》大夫《だゆう》らが建立し、200回忌の明治6年（1873）に再建したものである。

直信流系統図

- （初代）寺田勘右衛門満英 ― （2代）寺田平左衛門定次 ― （3代）井上九郎右衛門正永
- （4代）井上治部大夫正順 ― （5代）井上九郎右衛門兌克 ― （6代）雨森次右衛門行清
- （7代）加藤気堂正昌 ― （8代）石原佐伝次中和 ― （9代）梶川純太夫淡水
- （10代）石原佐伝次中従 ― （11代）堤六大夫重正 ― （12代）井上治部大夫正敬
- （13代）松下善之丞栄道

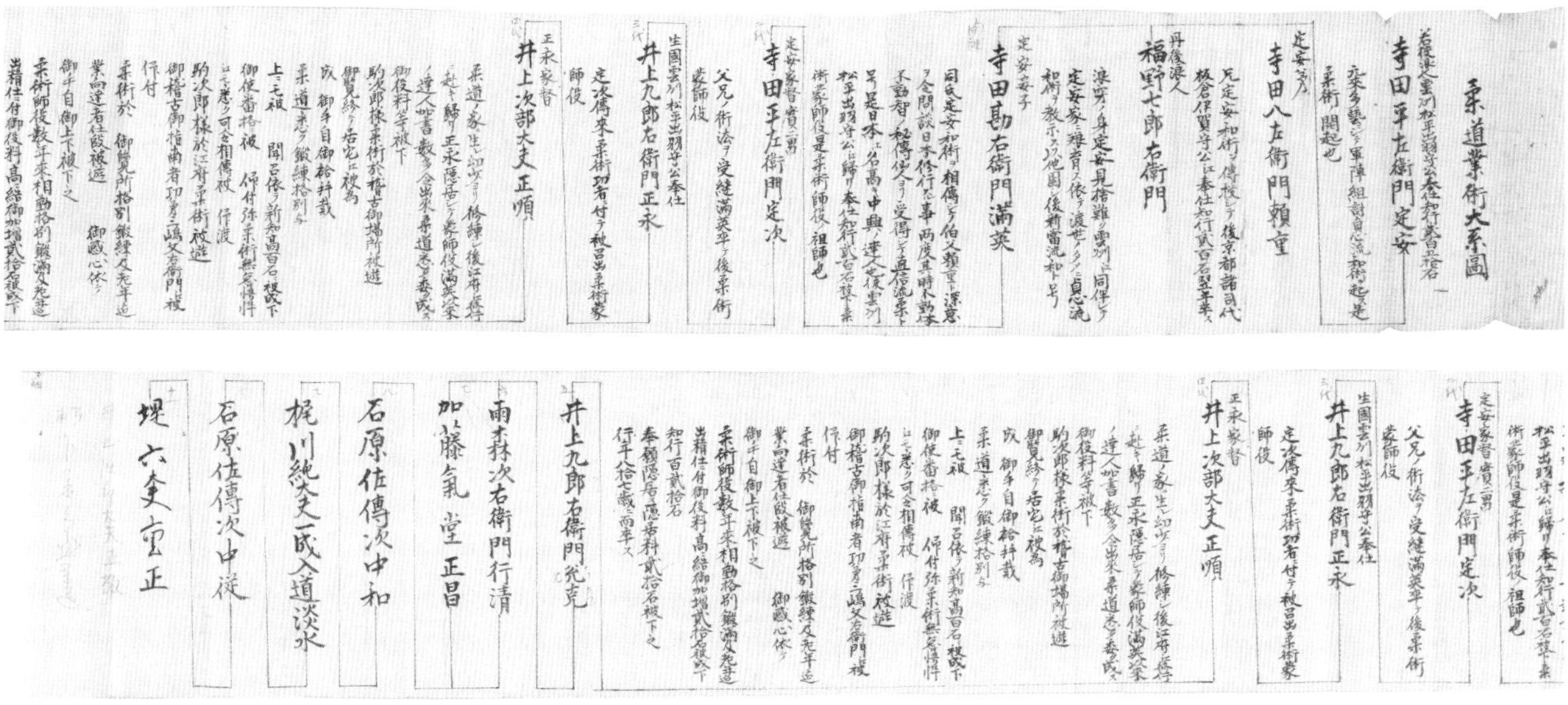

柔道業術大系図　江戸時代末期　個人（松江歴史館寄託）

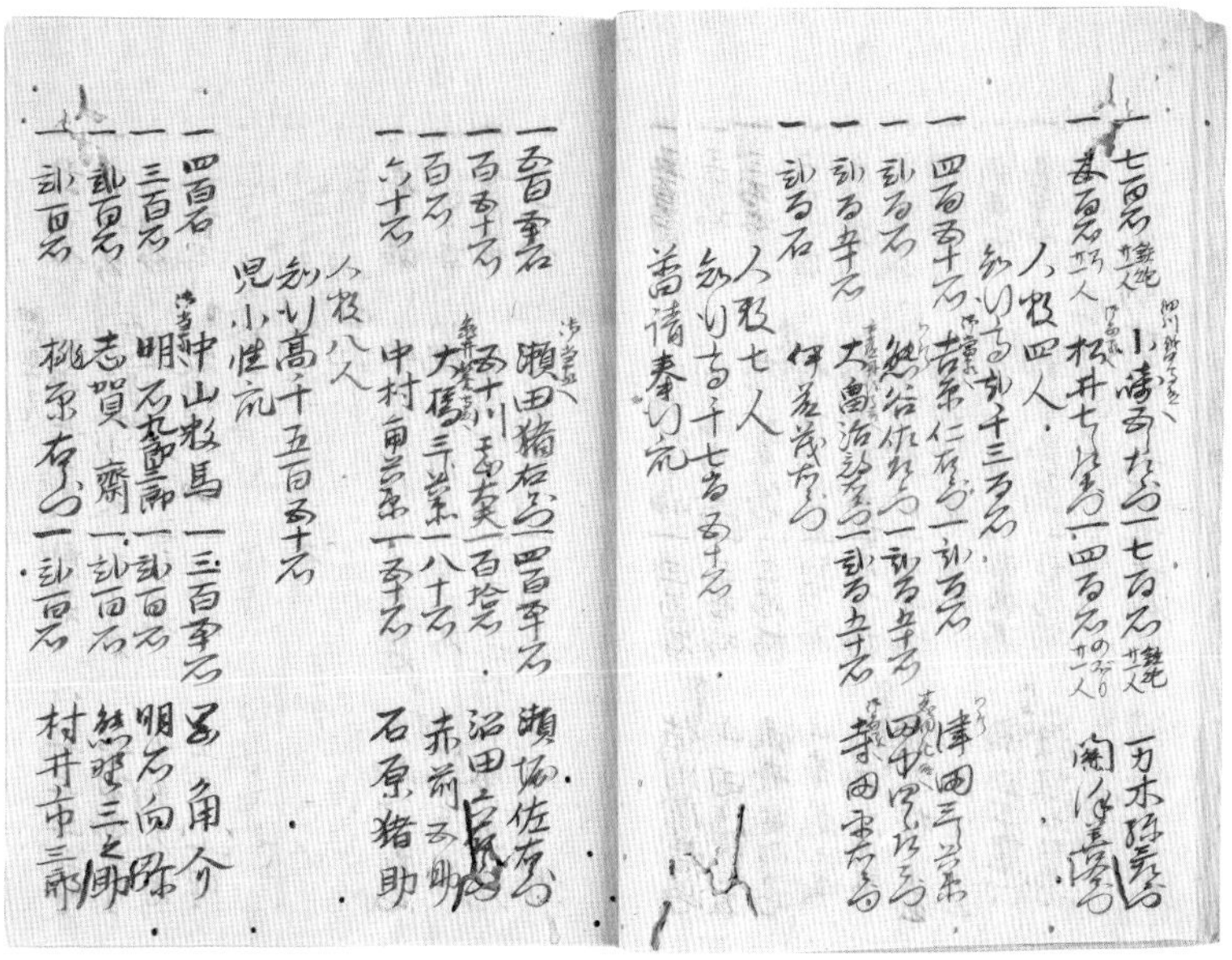

松江藩主京極忠高《きょうごくただたか》に仕えた寺田平左衛門《てらだへいざえもん》

松江藩主京極忠高に仕えていた家臣団の名簿である分限帳の中に、「弐百五十石　御当家へ寺田平右《(ママ)》衛門」と記されている。『列士録断絶帳』では寺田の生まれた国が若狭国《わかさ》（福井県）とあり、京極忠高の前任地が若狭国であることから、京極家に仕えていた寺田平左衛門が出雲へ移り、京極家の断絶後に松平家へ登用されたことが推測できる。

京極若州侯給帳
文化十二年（一八一五）　個人（松江歴史館寄託）

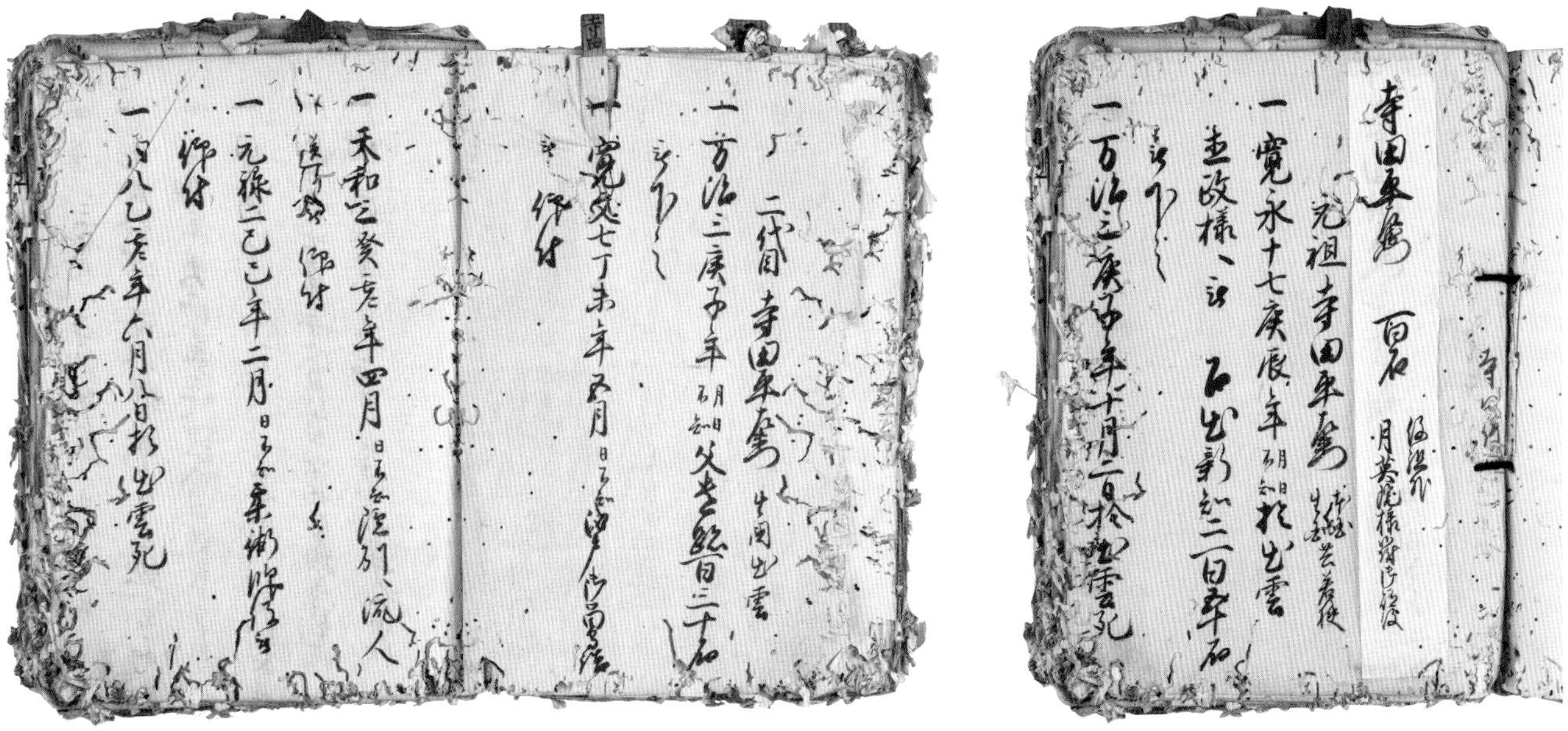

寺田平左衛門《てらだへいざえもん》、松平直政《まつだいらなおまさ》に登用される

松平直政が出雲《いずも》国に入って二年後の寛永十七年（一六四〇）、寺田平左衛門は以前に仕えていた京極《きょうごく》家と同じく二五〇石で登用される。初代平左衛門の跡を継いだ二代平左衛門は、元禄二年（一六八九）に松江藩から柔《じゅう》術《じゅつ》の師役《しやく》を任命されている。三代平左衛門まで柔術師役を勤めたが、六代平左衛門が松江藩を退去したため、寺田家は断絶している。

『列士録断絶帳』より「寺田家」
江戸時代　島根県立図書館

（貼紙）
「寺田平左衛門　百石　役組外
月英院様御附御賄役」

元祖寺田平左衛門　本国生国共若狭
一寛永十七庚辰年月日不知、於出雲
直政様へ被　召出、新知二百五十石
被下之、
一万治三庚子十月二日、於出雲死、

二代目寺田平左衛門　生国出雲
一万治三庚子年月日不知、父遺跡百三十石
被下之、
一寛文七丁未年五月日不知、江戸御留守詰
被　仰付、
一天和三癸亥四月日不知、隠州へ流人
送り被　仰付、
一元禄二己巳年二月日不知、柔術師役被
仰付、
一同八乙亥年六月八日、於出雲死、

江戸時代前期の達人の一人寺田《てらだ》勘《かん》右《え》衛門《もん》

江戸時代前期、柔術《じゅうじゅつ》の寺田勘右衛門、書道の山中外世《やまなかそとよ》、力士の箕嶋八郎左衛門《みのしまはちろうざえもん》の三名がそれぞれの道の達人として知られていた。三人は日本全国を修行して廻り、その後松江藩主松平直政《まつだいらなおまさ》に仕えてこの出雲国で子孫が続いているという。直信《じきしん》流柔道《じゅうどう》の初代寺田勘右衛門は天下に知られた武芸者であった。

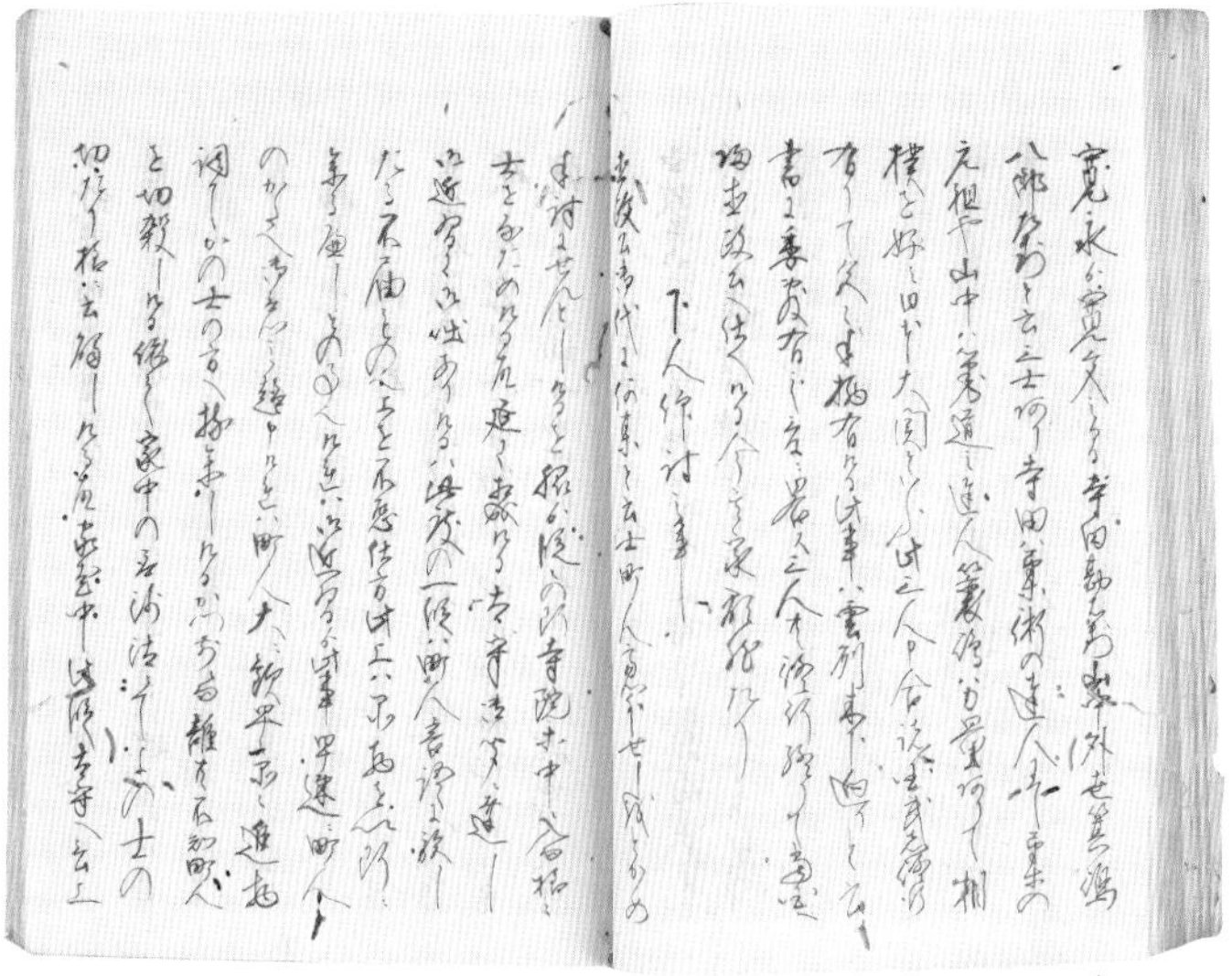

『雲陽秘事記』より「三士武者修行之事」

江戸時代　松江歴史館

三士武者修行之事

寛永〻寛文之間、寺田勘右衛門・山中外世・箕嶋八郎左衛門と云三士あり、寺田ハ柔術の達人にて柔の元祖也、山中ハ筆道之達人、蓑《（ママ）》嶋ハ力量ありて相撲を好ミ日本大関といふ、此三人申合諸国武者修行有りて色々手柄有ける、此事ハ雲州木下廻りと云、書に委敷有之、爰ニ略ス、三人共修行終りて当国へ帰、直政公へ仕へける、今其家顕然たり、

1.

2.

3.

4.

5.

甲冑《かっちゅう》を身に着け敵を倒す

戦場での一対一の動きを甲冑所作《かっちゅうしょさ》という。互いに刀を打ち捨て組打ちとなり、敵を引き倒して首級《くび》を挙げるもので、実戦を強く意識した業《わざ》である。この写真は、大正四年(一九一五)に撮影されたもので、直信《じきしん》流柔道《じゅうどう》は江戸時代以来の流儀を保っていた。

写真「直信流柔道甲冑所作」

大正四年(一九一五)　個人(松江歴史館寄託)

当初は「直心流柔《じきしんやわら》」と称する

弟子である仙田六郎左衛門《せんだろくろうざえもん》、森十郎右衛門《もりじゅうろうえもん》、広田九助《ひろたくすけ》が「伝授を受けた直心流柔については親兄弟、相弟子であっても固く他言しない」と神々に誓い、師である寺田平左衛門《てらだへいざえもん》に差し出したもの。この起請文《きしょうもん》は貞享二年（一六八五）に書かれており、江戸時代前期には「直心流柔」と称していたことがわかる。

「柔道《じゅうどう》」の名を初めて使う

直信《じきしん》流の井上治部大夫《いのうえじぶだゆう》は、体術《たいじゅつ》だけではなく人間が持つ寛柔温和《かんじゅうおんわ》の徳に従い世を処していくことが柔道であると説き、享保九年（一七二四）に「直信流柔道」と称した。嘉《か》納治五郎《のうじごろう》が明治十五年（一八八二）に起こした講道館《こうどうかん》柔道より約一五〇年先立ち、「柔道」という言葉を使い始めた。

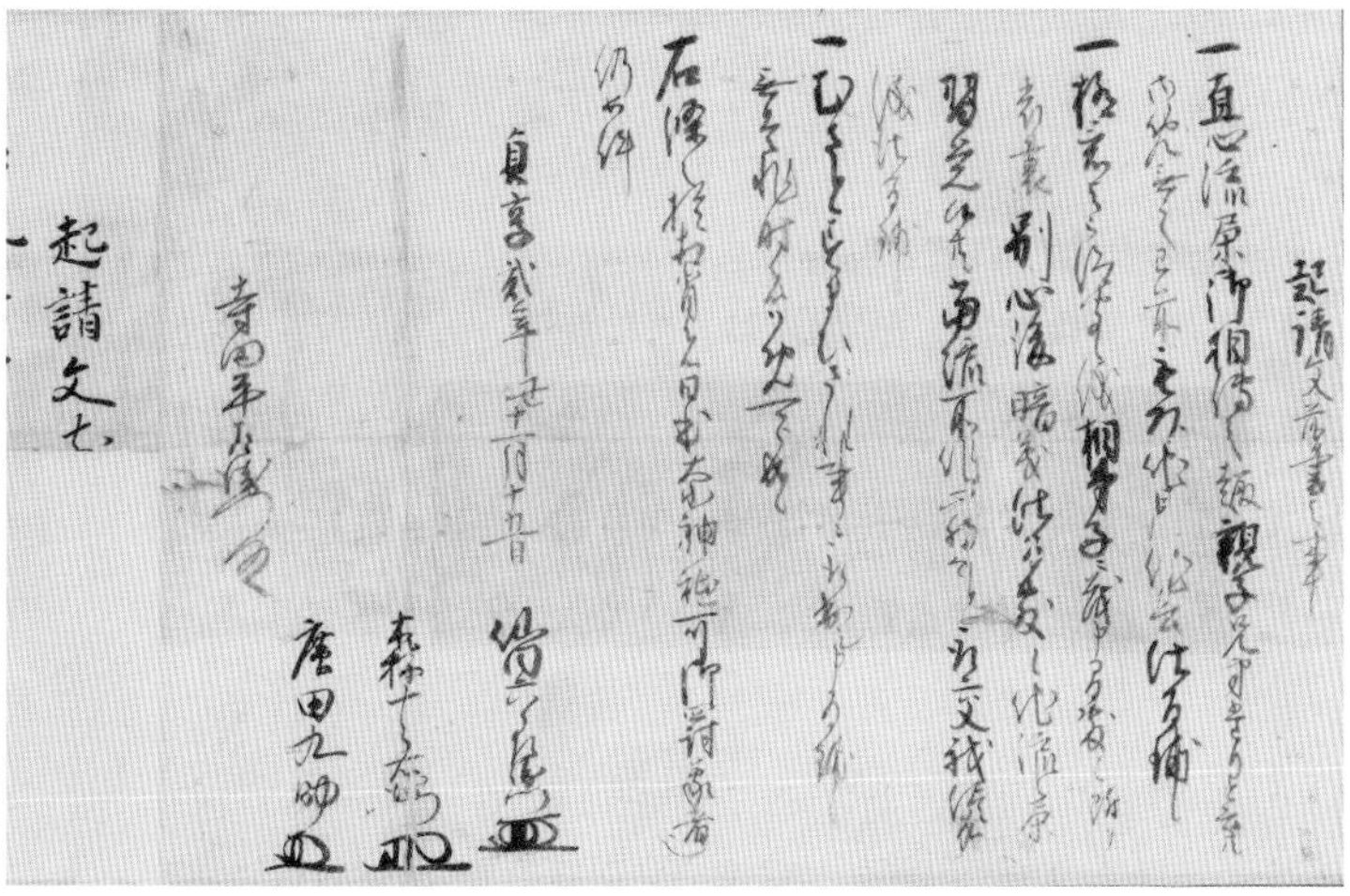

起請文前書之事
貞享二年（一六八五）　個人

起請文前書之事
一直心流柔御相伝之趣、親子兄弟たりと云共
御免無之已前毛頭他見他言仕間敷候、
一極意と被仰聞候儀、相弟子ニも申間敷候、附り
表裏別心後暗義仕間敷候、他流之柔
習覚候共、当流所作心持なと取交我侭成
儀仕間敷、
一むさとすまひざれ事ニ取出シ申間敷候、
無是非時は御免可被成候、
右條々於相背は日本大小神祇可御罰蒙者也、
仍如件、
貞享弐年丑十一月十五日
仙田六郎左衛門（花押）
森十郎右衛門（花押）
広田九助（花押）
寺田平左衛門殿

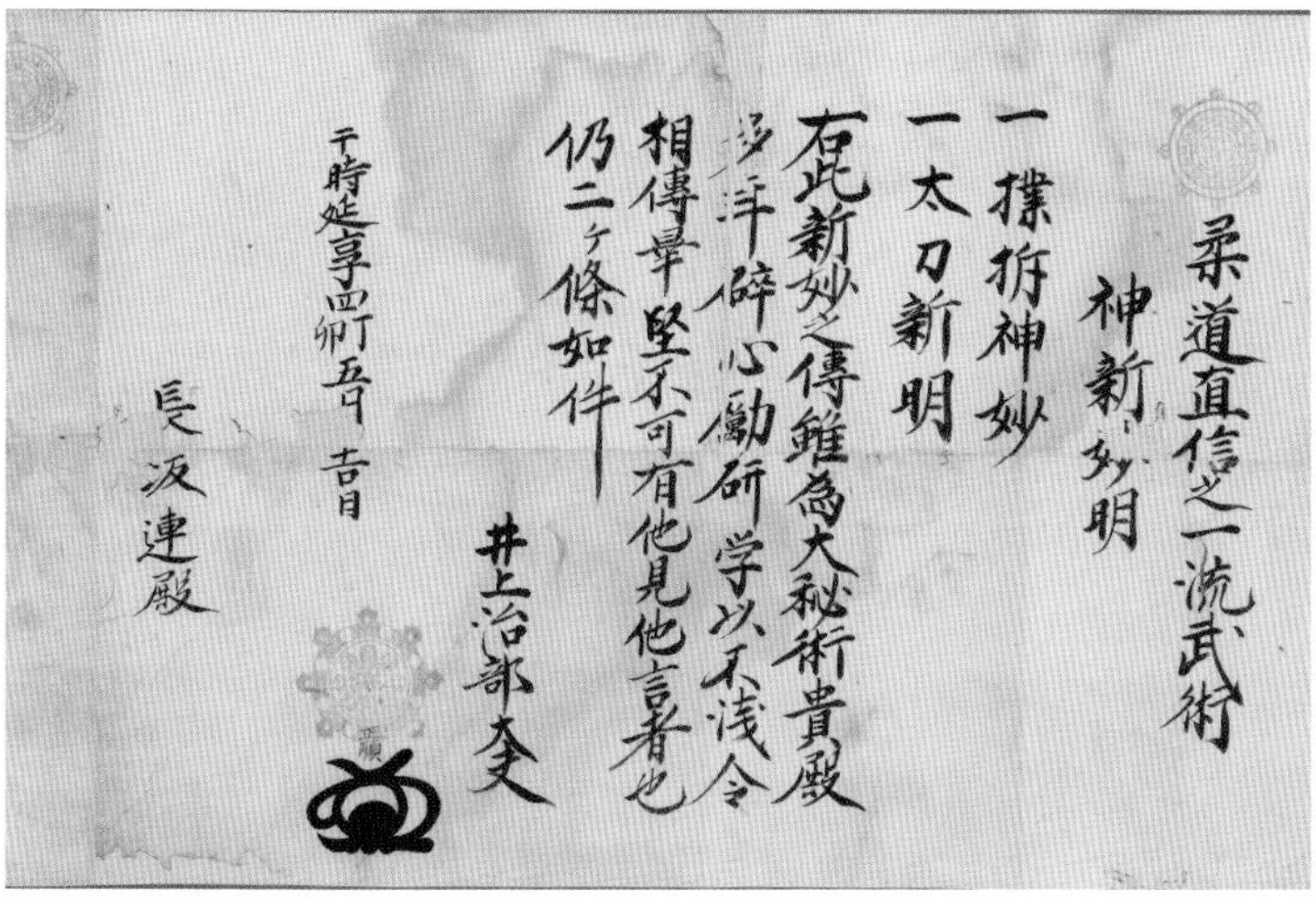

柔道直信之一流武術　神新妙明
延享四年（一七四七）　個人

（朱印）柔道直信之一流武術
神新妙明
一撲拆神妙
一太刀新明
右此新妙之伝、雖為大秘術貴殿
多年砕心励研学以不浅令
相伝畢、堅不可有他見他言者也、
仍二ケ條如件、
井上治部大夫
（朱印）正順（花押）
于時延享四丁卯五月吉日
長坂連殿

師から次世代へ流儀を伝える

直信《じきしん》流柔道《じゅうどう》の師役《しやく》石原《いしはら》左伝《さでん》次《じ》から井上《いのうえ》伝蔵《でんぞう》へ伝授した業《わざ》の目録や柔道の目的を説いた伝書である。井上伝蔵は慶応二年（一八六六）に直信流柔道の師となり、明治維新後も自宅に道場を構えて後進《こうしん》を指導した。伝書により、流派の伝統が次世代へと受け継がれていく。

柔道業術寄品巻
直信流柔道業術名目
直信流柔道術事用百箇条
嘉永二年（一八四九） 個人

（中略）

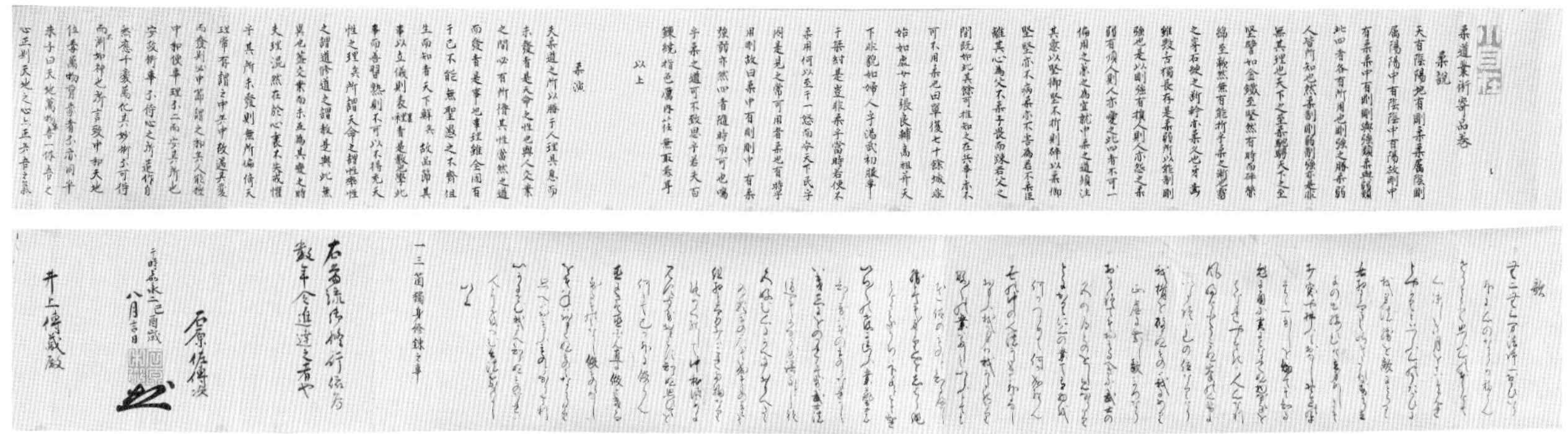

柔道業術寄品巻

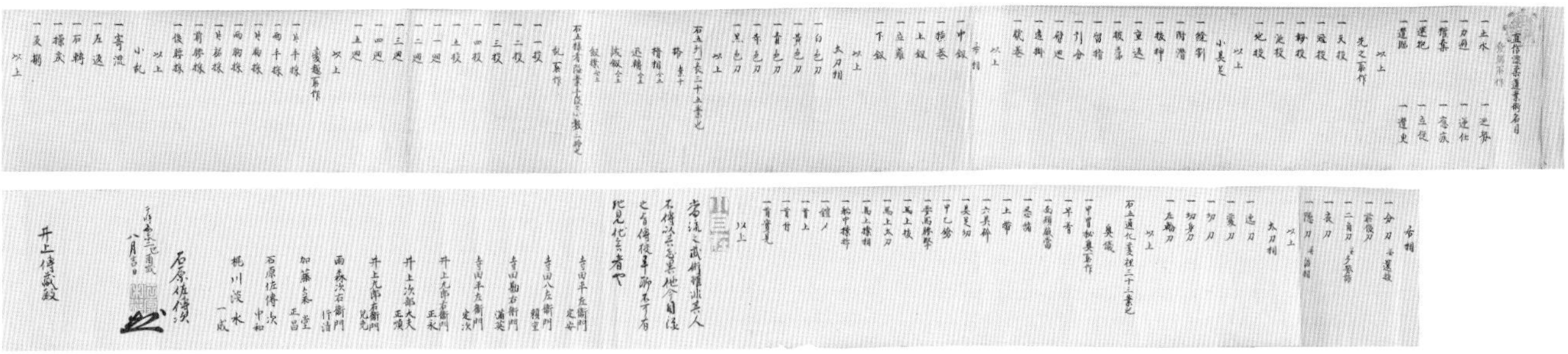

直信流柔道業術名目

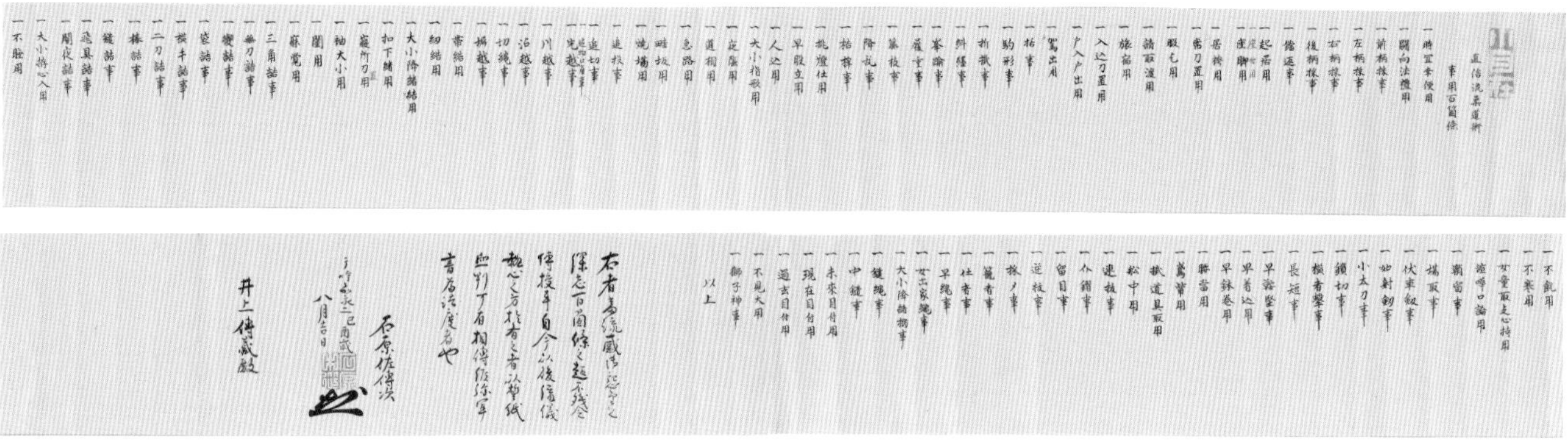

直信流柔道術事用百箇条

柔道師 石原《いしはら》左伝次《さでんじ》が試し切りした刀剣

松江藩の刀工が製作した刀剣の一部には、切れ味を試すために甲冑《かっちゅう》や死体で試し切りを行ったことを記す裁断銘《さいだんめい》が入っている。本刀剣は、柔道師の石原左伝次中従が兜を切ったと記す。試し切りは柔道や剣術に秀でた人物が行うことが多い。

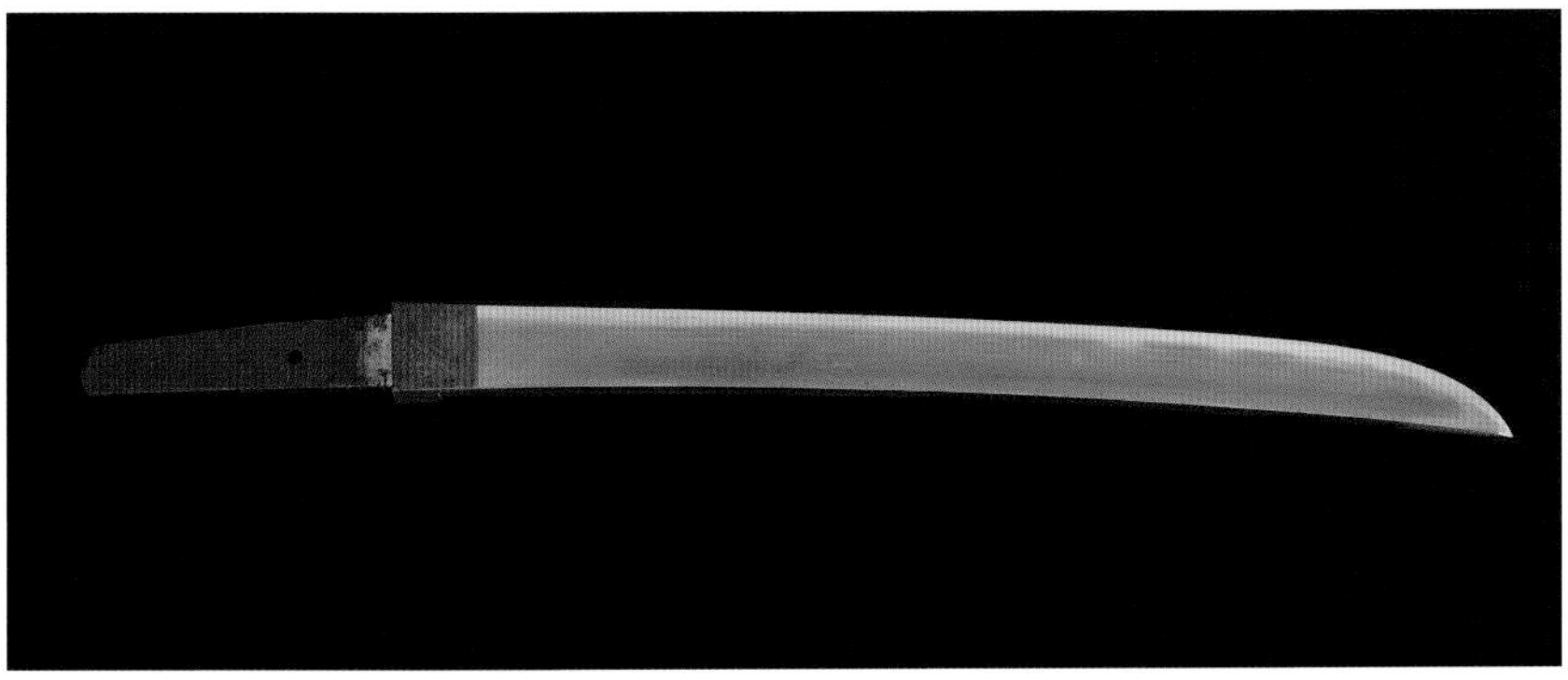

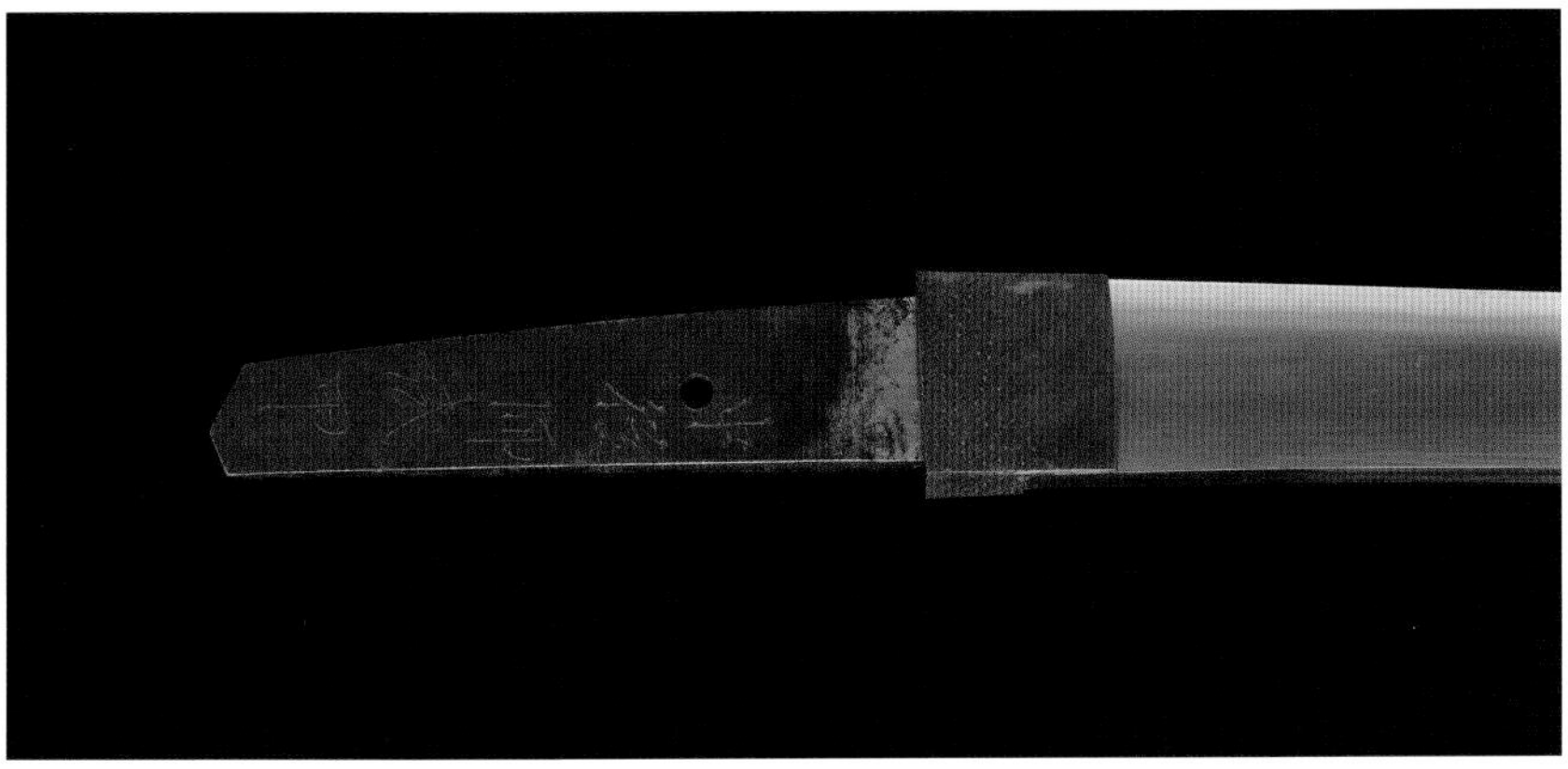

脇差　表銘：中従師　試甲
裏銘：正輝弟　貫道作　江戸時代後期　個人（松江歴史館寄託）

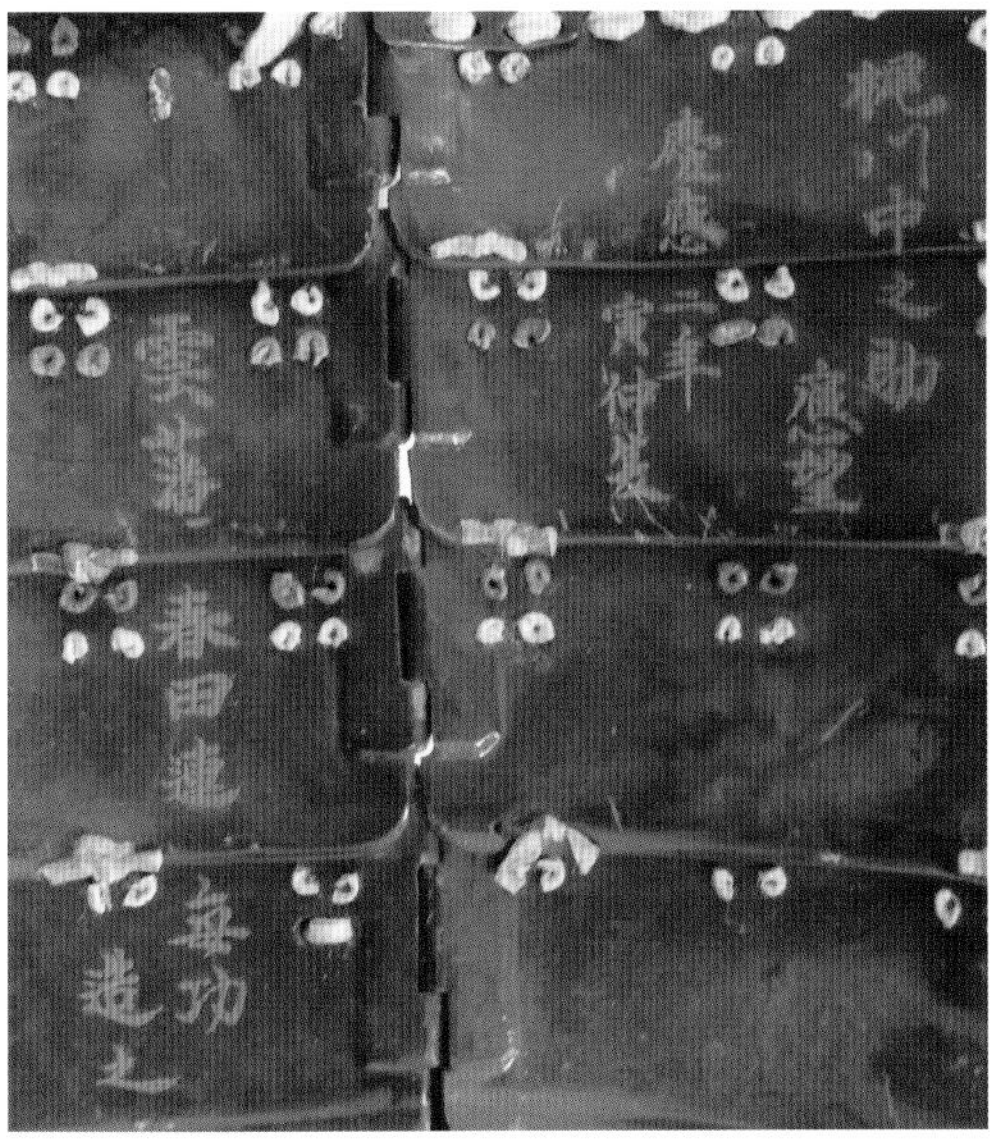

柔道師役《じゅうどうしやく》 梶川《かじかわ》家の甲冑《かっちゅう》

直信《じきしん》流柔道師役であった梶川純大夫《かじかわじゅんだゆう》の孫中之助《なかのすけ》の甲冑である。中之助も柔道を学んでいた。本甲冑は、慶応二年（一八六六）五月に松江藩甲冑師の春田毎《はるたつね》功《のり》が中之助の求めに応じて製作し、中之助は同年七月十九日に第二次長州征討のため出陣している。幕末の動乱に際し、急ごしらえで用意したのであろう。

色々韋縅桶川五枚胴具足
慶応二年（一八六六）　個人

松平《まつだいら》不昧《ふまい》、柔道《じゅうどう》と居相《いあい》を視察する

軍用方《ぐんようかた》の役人である朝比奈猪兵衛《あさひないへえ》、市原次郎左衛門《いちはらじろうさえもん》、河嶋仙大夫《かわしませんだゆう》の三名が直信流柔道《じきしんりゅうじゅうどう》の師役石原左伝次《いしはらさでんじ》に宛て、本日の夕方に「御院居様」、つまり元松江藩主の松平不昧が、柔道の視察に行くと伝える。柔道場の視察後は、近くの不伝流《ふでん》の居相場へ行くことも伝えており、不昧が武術に関心が深かったことがわかる。

（武術御覧の伝達）
文化年間（一八〇〇年頃）
個人

石原左伝次様　　朝比奈猪兵衛
　　　　　　　　市原次郎左衛門
　　　　　　　　河嶋仙大夫
御隠居様今夕方
御門弟中稽古為
御覧、貴様御預御場江
可被為　入旨被
仰出候間、左様御心得
可被成候、以上、
　五月八日
追啓、最初貴様方御場江
被為　入、夫ゟ居相場江
可被為　入旨ニ御座候条、其御■ゟ
可申候、此間外稽古場江
被為　入候、御振合ニ御手合
可被成候、以上、

柔道場《じゅうどう》の広さは十七畳半

柔道師役《しやく》の横山純大夫《よこやまじゅんだゆう》が武器等を管理する軍用方《ぐんようかた》へ出した畳表の交換の願書である。これによると、稽古《けいこ》を行う畳が十二畳半、師が座ったのであろう見分《けんぶん》所《じょ》の畳が五畳で、合計十七畳半の表替えを必要としている。

覚（表替え願）
江戸時代後期　個人

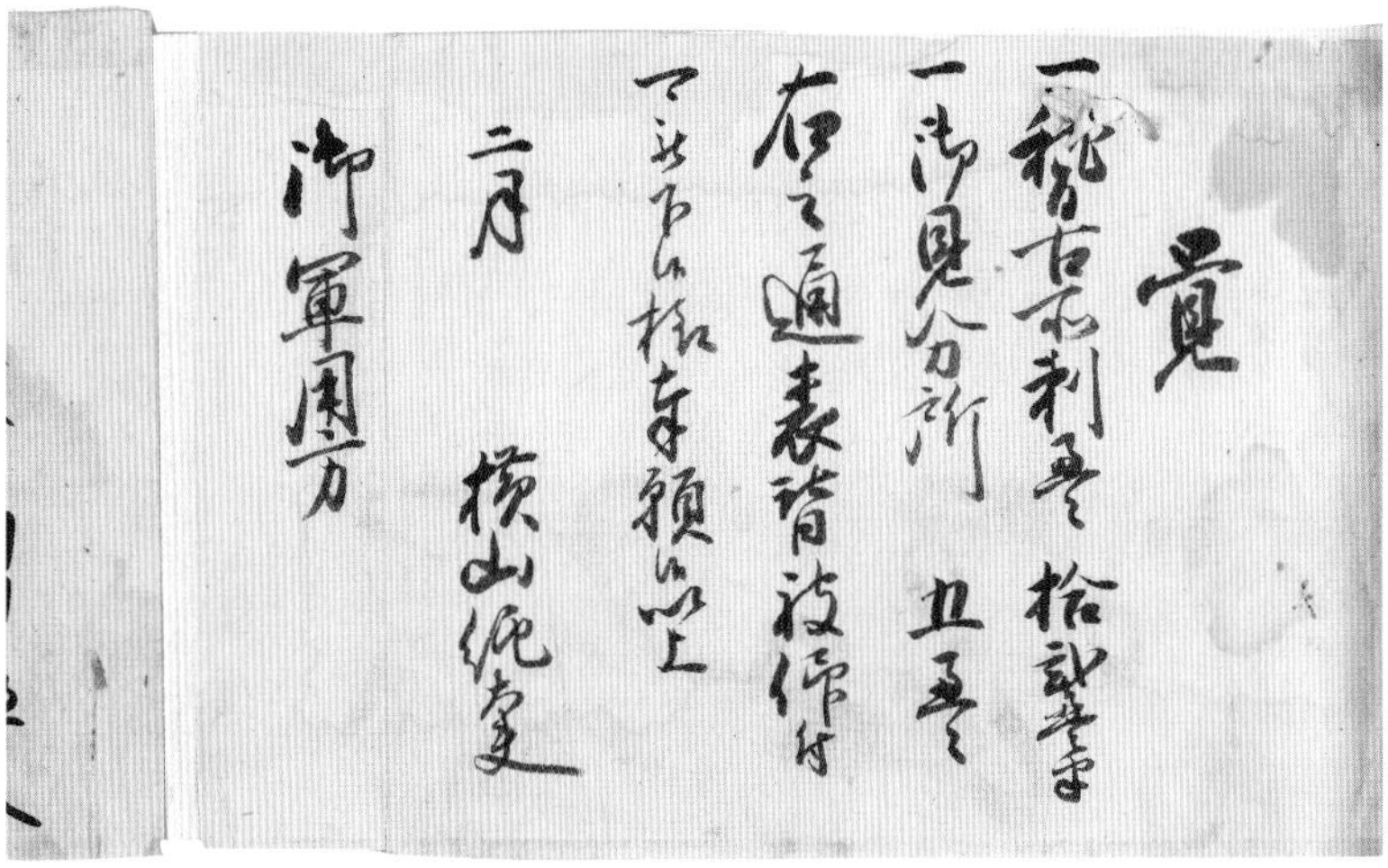

覚
一 稽古所刺畳　拾弐畳半
一 御見分所　五畳
右之通り表替被仰付
可被下候様奉願候、以上
　二月　横山純大夫
御軍用方

松江藩主が愛した相撲《すもう》

　力比べである相撲は戦国時代以降に大名が好むようになり、大名はこぞって強い力士を召し抱えるようになる。松江藩主も相撲を好んだ大名であった。松江松平家の初代松平直政《なおまさ》もその一人で、「日本大関」と呼ばれた箕嶋十太《みのしまじゅうた》左衛門《ざえもん》(宮崎八郎左衛門《みやざきはちろうざえもん》)を「相撲《すもう》之者《のもの》」として召し抱えている。松江藩主の相撲好きは続き、召し抱えた力士は「雲州《うんしゅう》力士」と呼ばれた。六代宗衍《むねのぶ》は巨人力士釈迦ケ《しゃかが》嶽雲右衛門《たけくもえもん》を登用しその巨体を人々に見せつけたという。また、七代治郷《はるさと》(不昧)の時代は最強の大関雷電為右衛門《らいでんためえもん》を召し抱えている。治郷は雷電以外にも多くの強豪力士を召し抱えており、揃いの「瓢箪《ひょうたん》つなぎ」の化粧《けしょう》まわしを付けて雲州力士たることを誇り、観衆は一目で雲州力士であることがわかったのである。雲州力士は藩主の参勤交代に同行し、ここ松江においても相撲を取り松江の町人を喜ばせていた。

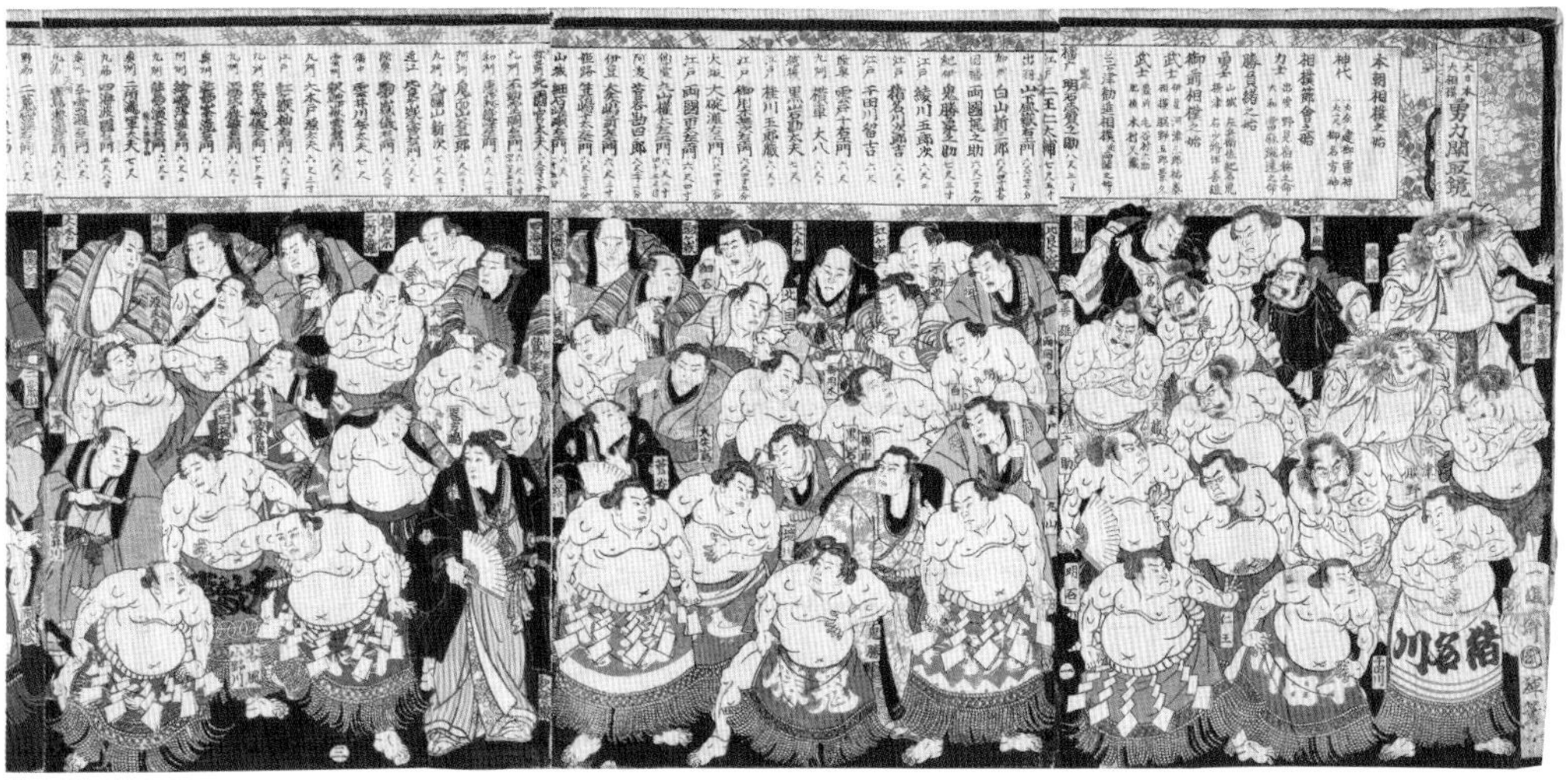

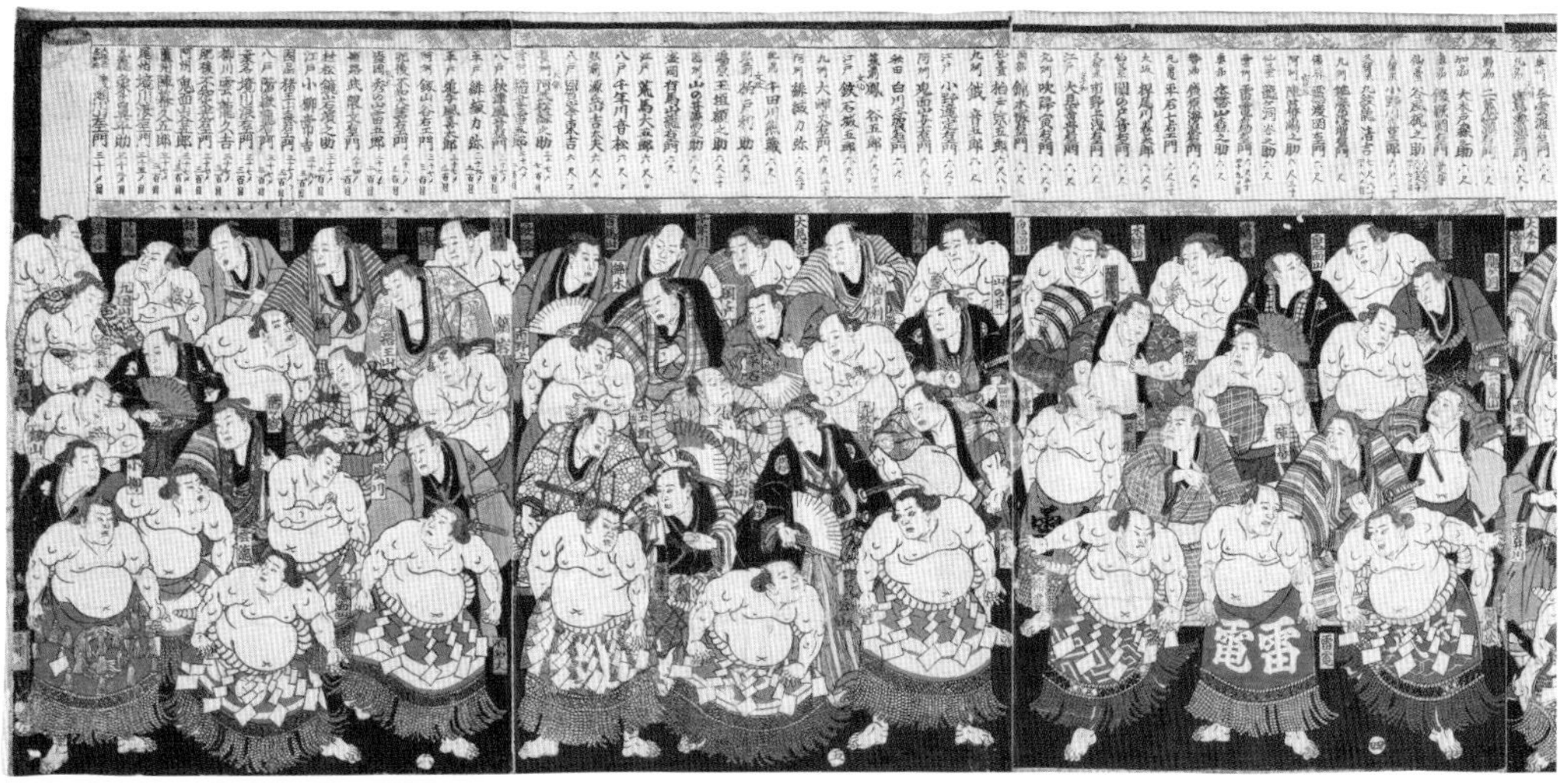

出雲《いずも》国に縁のある力士が並ぶ

　神代《かみよ》から幕末までの有力力士を描く。国譲り神話からタケミカヅチとタケミナカタ、相撲節会《すもうせちえ》の始まりとして出雲国出身野見宿《のみのすく》禰《ね》が載る。雲州《うんしゅう》力士であった人物としては、箕島十太左衛門《みのしまじゅうたざえもん》、釈《しゃ》迦ケ嶽雲右衛門《かがたけくもえもん》、雷電為右衛門《らいでんためえもん》、玉垣額之助《たまがきがくのすけ》、稲妻雷五郎《いなずまらいごろう》、不知火《しらぬい》諾右衛門《だくえもん》、秀《ひで》の山雷五郎《やまらいごろう》、陣幕久《じんまくきゅう》五郎《ごろう》らがいる。

大日本大相撲勇力関取鏡
江戸時代末期　個人

雲州《うんしゅう》力士

釈《しゃ》迦《か》ケ《が》嶽《だけ》雲《くも》右《え》衛門《もん》

一七四九〜一七七五

釈迦ケ嶽雲右衛門と稲妻《いなずま》咲《さき》右《え》衛門《もん》の兄弟は、現在の安来市大塚町で生まれ、松江藩のお抱え力士「雲州力士」となった。兄弟ともに大関となっている。この兄弟碑は稲妻が引退後の文政七年（一八二四）に兄を偲んで建立したもので、安来市の指定文化財となっている。

参考　釈迦ケ嶽雲右衛門・稲妻咲右衛門兄弟碑
安来市大塚町

釈迦ケ嶽雲右衛門墓石

大関の釈迦ケ嶽雲右衛門は安永四年（一七七五）に病気のため、二七歳で死去する。墓は師匠である雲州力士の雷電《らいでん》為《ため》五郎《ごろう》の墓石と並んで松江市中原町の正覚寺にある。

参考　（右）釈迦ケ嶽雲右衛門墓石
（左）雷電為五郎墓石
正覚寺（松江市中原町）

等身大　釈《しゃ》迦《か》ケ《が》嶽《だけ》雲《くも》右《え》衛門《もん》

釈迦ケ嶽雲右衛門の故郷である安来市大塚町では、釈迦ケ嶽の顕彰に取り組んでいる。地元の有志が集まり、発砲スチロールを加工して等身大（二二七㎝）の釈迦ケ嶽を作り上げた。化粧まわしの力士の絵は、浮世絵に描かれた釈迦ケ嶽の姿をモチーフにしている。立ち姿はまるで小山のようだ。

釈迦ケ嶽雲右衛門像
平成七年（一九九五）　大塚夢芝居

身長二二七㎝、釈迦《しゃか》ケ嶽《がたけ》雲右衛門《くもえもん》の浴衣《ゆかた》

身丈《みたけ》一八〇㎝、袖丈《そでたけ》八四㎝もある釈迦ケ嶽の泥着《どろぎ》(稽古《けいこ》後に羽織る浴衣)である。箱の蓋裏《ふたうら》に伝承と由来を記す。それによれば身長七尺四寸八分(二二七㎝)、腰廻り五尺八寸(一七六㎝)あり、一食に一升《しょう》の飯を食べ、七十人でも動かない大岩を動かし、船を陸に引き上げるほどの怪力であったという。釈迦ケ嶽の死後に大久保という人物が形見とした浴衣であるという。

浴衣(伝釈迦ケ嶽雲右衛門所用)
江戸時代中期　松江歴史館

湯衣伝　　　冨久とあるは久冨ノ誤記

力士釈迦ケ嶽雲右衛門冨久ハ雲州能儀郡母里の御領大塚村天野清右衛門といへる者の嫡男なり、童名を伊勢次郎といふ、其生れつき世の常ならす筋骨太くたくましく、十歳にして其丈ケ五尺、十八歳の春松江御抱となり大鳥居と名乗ル、後釈迦ケ嶽と改む、二十一歳にして其丈ケ七尺四寸八分、腰廻り五尺八寸、一食に壱升の飯を残さす、進む時ハ弐升三升、或ハ大鰤一尾鳫一番食し、五拾人七拾人集りても動しかたき盤石を転じ大船を陸地へ引上ケなどす、其力はかりかたし、所々の相撲向ふに立者なくして一生背に土を付けす、東都にてハ時鳥行当るへき姿哉と詠められ海道三嶋の旅館ニてハ物洗ふ女を塀越しに覗きしかハ彼の女化生のものと驚きて気絶せしこそ理りなれ、神武以来安倍兄弟の外か丶る強兵ハあらじとて時の人大男と呼ふ、長生せば冨士ケ峰ともよはれつつ支那西竺へも名の響わたらんもの惜むへし、生年二十七才にして鳥辺野一片の煙と消失せし事を于時安永四乙未二月十四日なり、よつて湖西の人一章の追悼あり、

温槃《ママ》会の明日をも待す釈迦ケ嶽

骸骨を外中原町正覚寺に納む、松府大久保何某遊侠の士を好むにより彼とちなミし故ありてその俗衣を形見とす、丈六尺、行弐尺九寸、後人是を見て雲右衛門が高大の証とせよとしかいふ、

足の寸法約四十㎝、釈迦《しゃか》ケ嶽《がたけ》雲右衛門《くもえもん》の草履《ぞうり》

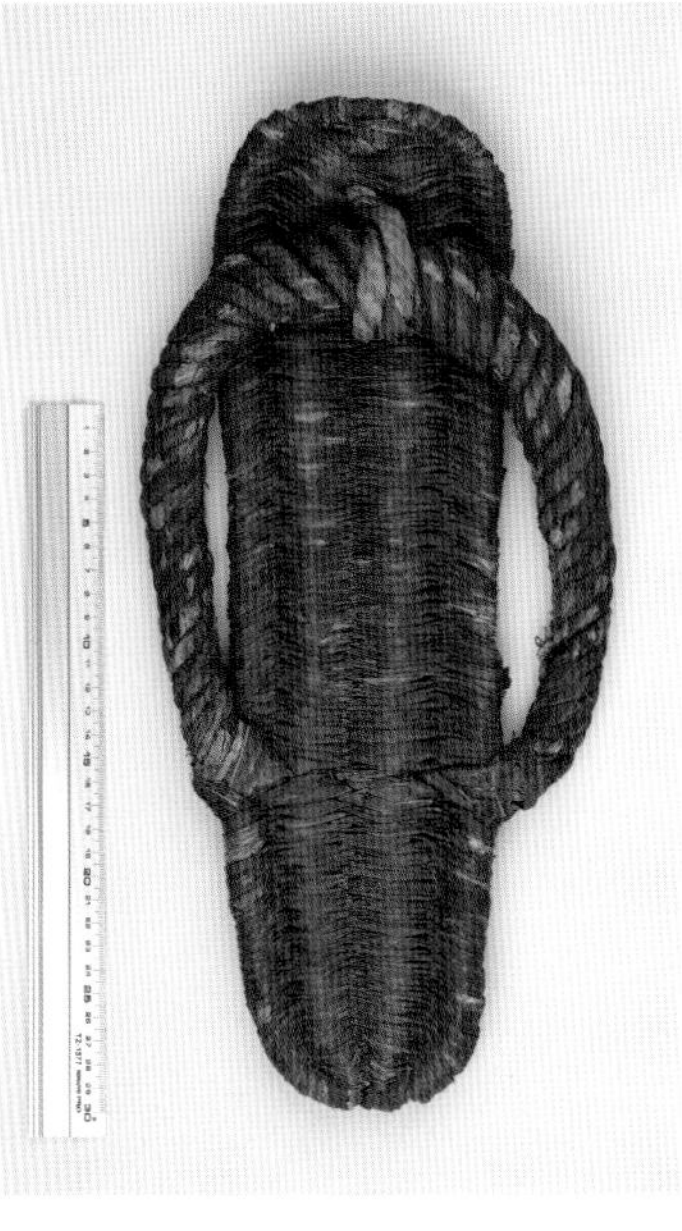

現在の安来市大塚町出身である釈迦ケ嶽雲右衛門は、身長が二二七㎝、体重が一八〇kgあったと伝わる巨人力士である。松江藩お抱え力士となり大関として活躍した。幕内通算二三勝三負一分一預《あずかり》で、現役のまま二七歳の若さで死去した。釈迦ケ嶽が履いていた草履は長さが四二㎝あるが、これでも小さくて履けなかったと伝わる。

草履(伝釈迦ケ嶽雲右衛門所用)
江戸時代中期　個人

松江藩が抱えた史上最強の名大関

雷電《らいでん》為《ため》右《え》衛門《もん》

一七六七〜一八二五

雷電《らいでん》為《ため》右《え》衛門《もん》は現在の長野県東御《とうみ》市出身で、天明年間（一七八〇年代）に松江藩のお抱え力士となる。寛政七年（一七九五）、当時の最高位である大関に昇進し、文化八年（一八一一）に引退するまで通算二五四勝十敗引分等が二一で、勝率は九割六分二厘の最強の力士であった。力士引退後は松江藩の相撲《すもう》頭取《とうどり》として後進《こうしん》の指導にあたった。

浮世絵「雷電為右衛門」　江戸時代　個人

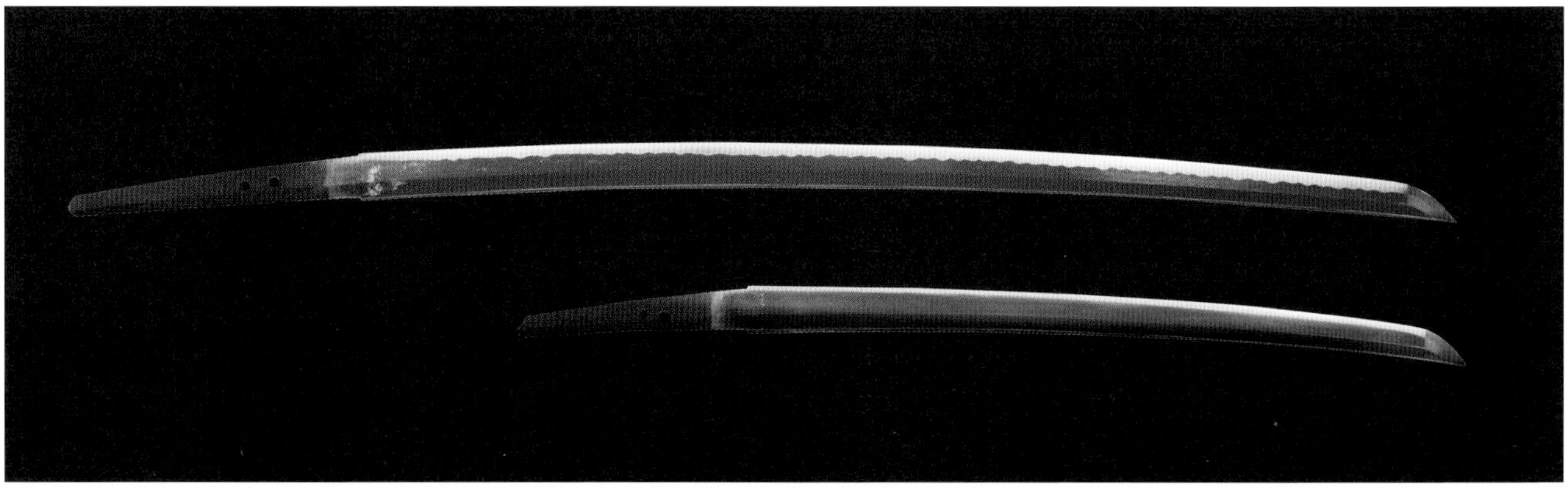

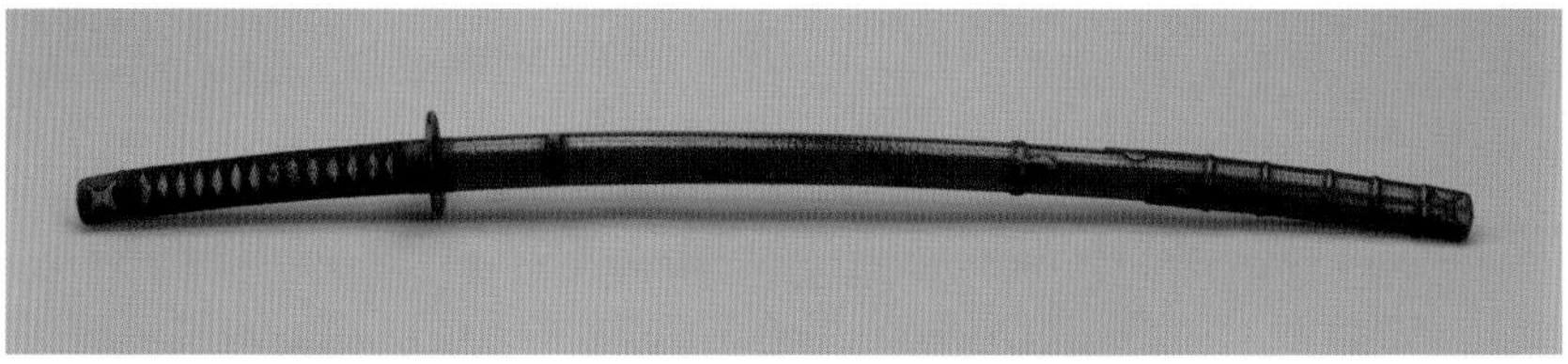

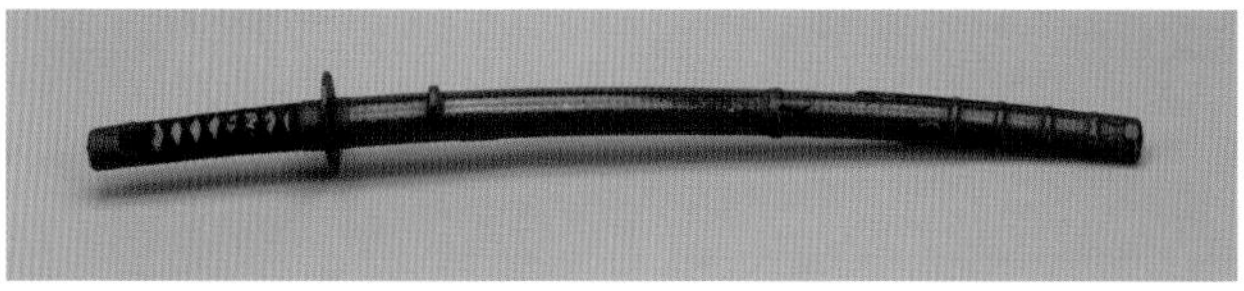

刀　表銘：武蔵太郎安国
　　裏銘：真十五枚甲伏作
脇差　表銘：三品難波介直格
　　裏銘：寛政元年四月日

江戸時代後期　個人（松江歴史館寄託）
画像提供：島根県立古代出雲歴史博物館

力士は武士　雷電《らいでん》為《ため》右《え》衛門《もん》が差した刀剣

藩のお抱えとなった力士は武士となり、刀を差すことが許された。松江藩士となった雷電（関《せき》）為右衛門は、晩年に藩を致仕《ちし》（退職）する。しかし、この時雷電（関家）には跡継ぎがいなかった。松江藩は雷電の家が絶えることを惜しみ、雲州《うんしゅう》力士の朝風石之助《あさかぜいしのすけ》を関家の養子とした。刀剣は松江藩士の関家に伝わるもので、凸凹で色の濃さを変えた朱塗りの鞘《さや》、矢羽透《やばねすか》しをめぐらせた鉄製の鐔《つば》が付く。

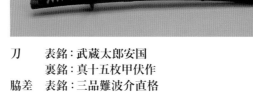

雲州《うんしゅう》力士
陣幕《じんまく》久五郎《きゅうごろう》
一八二九〜一九〇三

陣幕久五郎は、現在の松江市東出雲《ひがしいずも》町出身の横綱である。文久三年（一八六三）に雲州力士となるが、翌年薩摩《さつま》藩お抱え力士となった。通算八七勝五敗一七分三預《あずかり》で「負けず屋」と呼ばれた。明治維新直後に引退し、大阪相撲の発展や力士の顕彰に奔走した。特に東京の富岡八幡宮《とみおかはちまんぐう》に横綱力士碑《よこづなりきしひ》を建立し、あいまいであった歴代横綱の代数を決定づけた。

参考　写真「陣幕久五郎土師通髙」　明治二九年（一八九六）　個人

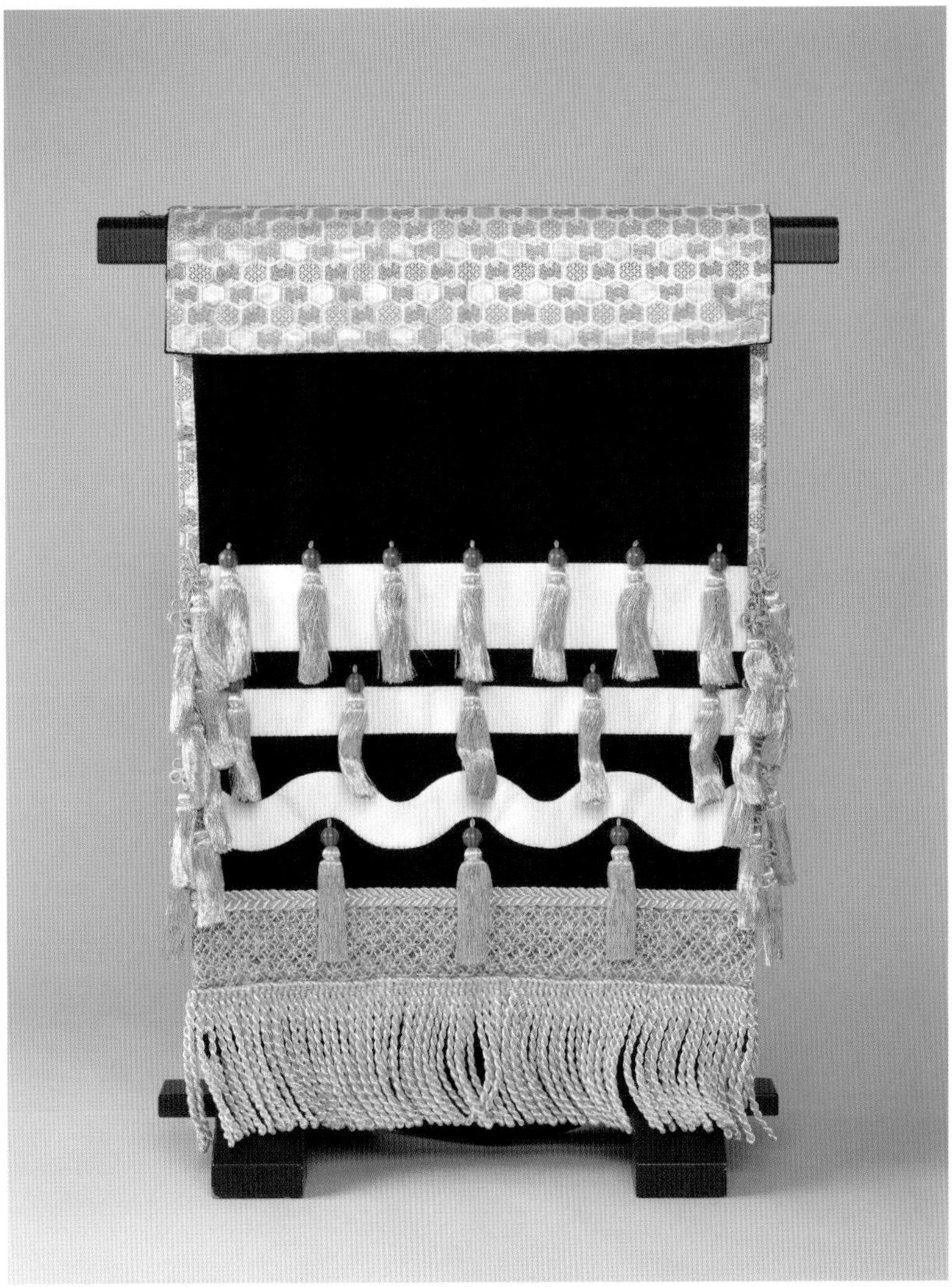

生まれ故郷東出雲《ひがしいずも》町で顕彰される陣幕久五郎《じんまくきゅうごろう》

陣幕久五郎は島根県出身力士として唯一の横綱である。生まれ故郷である松江市東出雲町では陣幕を顕彰し、薩摩《さつま》藩お抱え力士時代の浮世絵から化粧《けしょう》まわしを復元している。

陣幕久五郎化粧まわし（復元）
平成四年（一九九二）　松江歴史館

松江藩主の相撲《すもう》見物は公邸内で

寛政五年（一七九三）八月二一日、松江藩主の公邸である松江城三之丸御殿《ごてん》の庭で行われた御前《ごぜん》相撲の図である。ここで雲州《うんしゅう》力士雷電為右衛門《らいでんためえもん》と久留米《くるめ》藩の小野川才助《おのがわさいすけ》との対戦が行われた。

松江藩主松平治郷《まつだいらはるさと》は、絵図中央の緋毛氈《ひもうせん》を敷いた「御上段《おんじょうだん》」から観戦する。庭には四本柱の板屋根の付いた土俵《どひょう》、力士の支度部屋《したくべや》である「相撲溜《すもうたま》り」、花道が作られた。

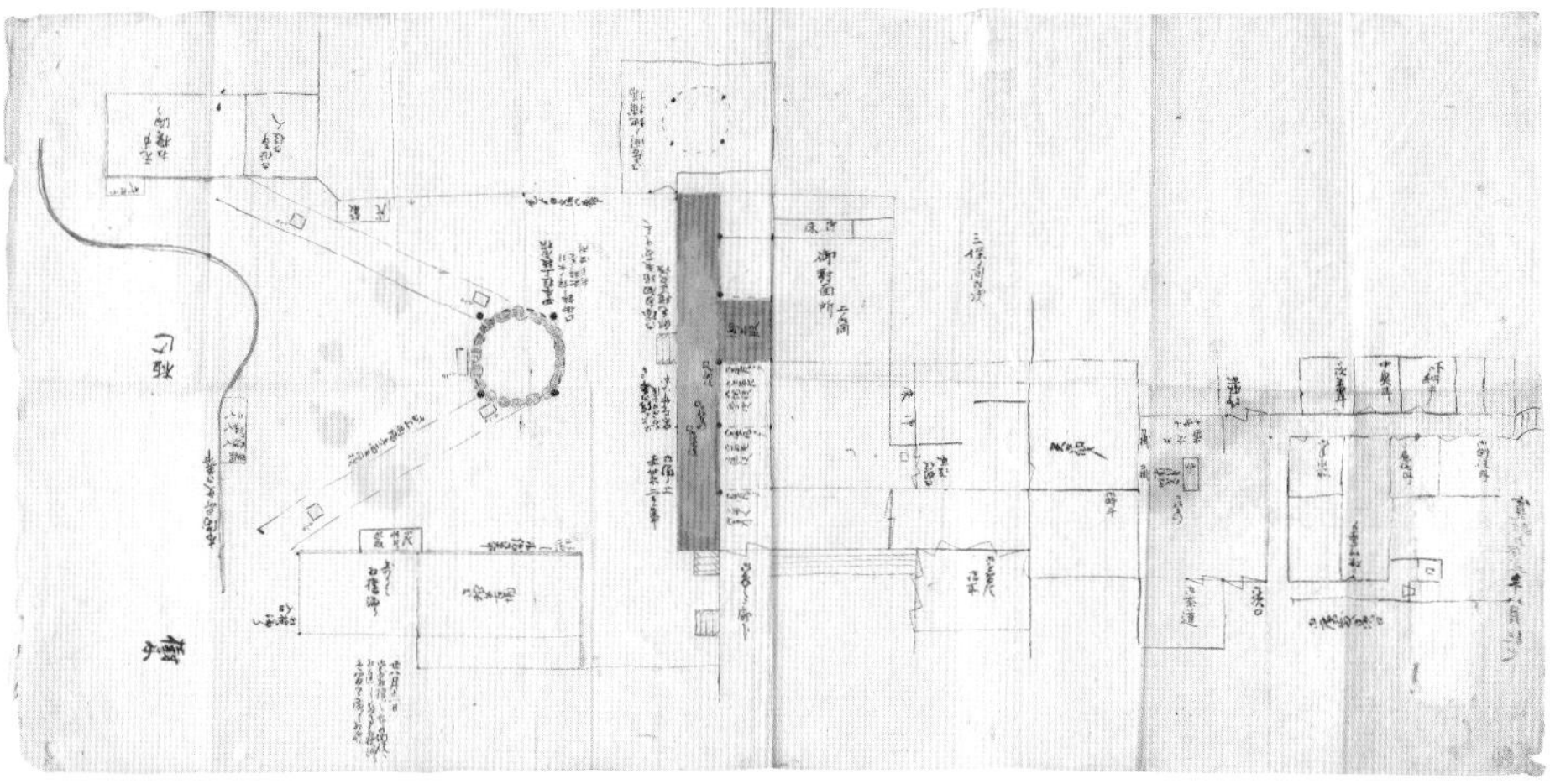

於対面所他国相撲御覧場図（松江市指定文化財）
寛政5年（1793）　個人（松江歴史館寄託）

大相撲《おおずもう》番付の上位に並ぶ雲州《うんしゅう》力士たち

寛政から文化年間（一八〇〇年前後）には、松江藩お抱え力士（雲州力士）が大相撲番付の上位を席巻《せっけん》していた。本番付は、寛政十一年（一七九九）二月に江戸の回向院《えこういん》で行われた大相撲の番付で、西方の上段には雷電為右衛門《らいでんためえもん》（大関）、千田川吉五郎《せんだがわきちごろう》（関脇、後の大関玉垣額之助《たまがきがくのすけ》）、鳴滝文大夫《なるたきぶんだゆう》（小結）、稲妻咲右衛門《いなずまさきえもん》（前頭筆頭）、桟シ初五郎《かけはしはつごろう》（前頭）が並ぶ。雲州力士がいなければ大相撲が成り立たないほどであった。

相撲番付（松江市指定文化財）
寛政十一年（一七九九）　個人（松江歴史館寄託）

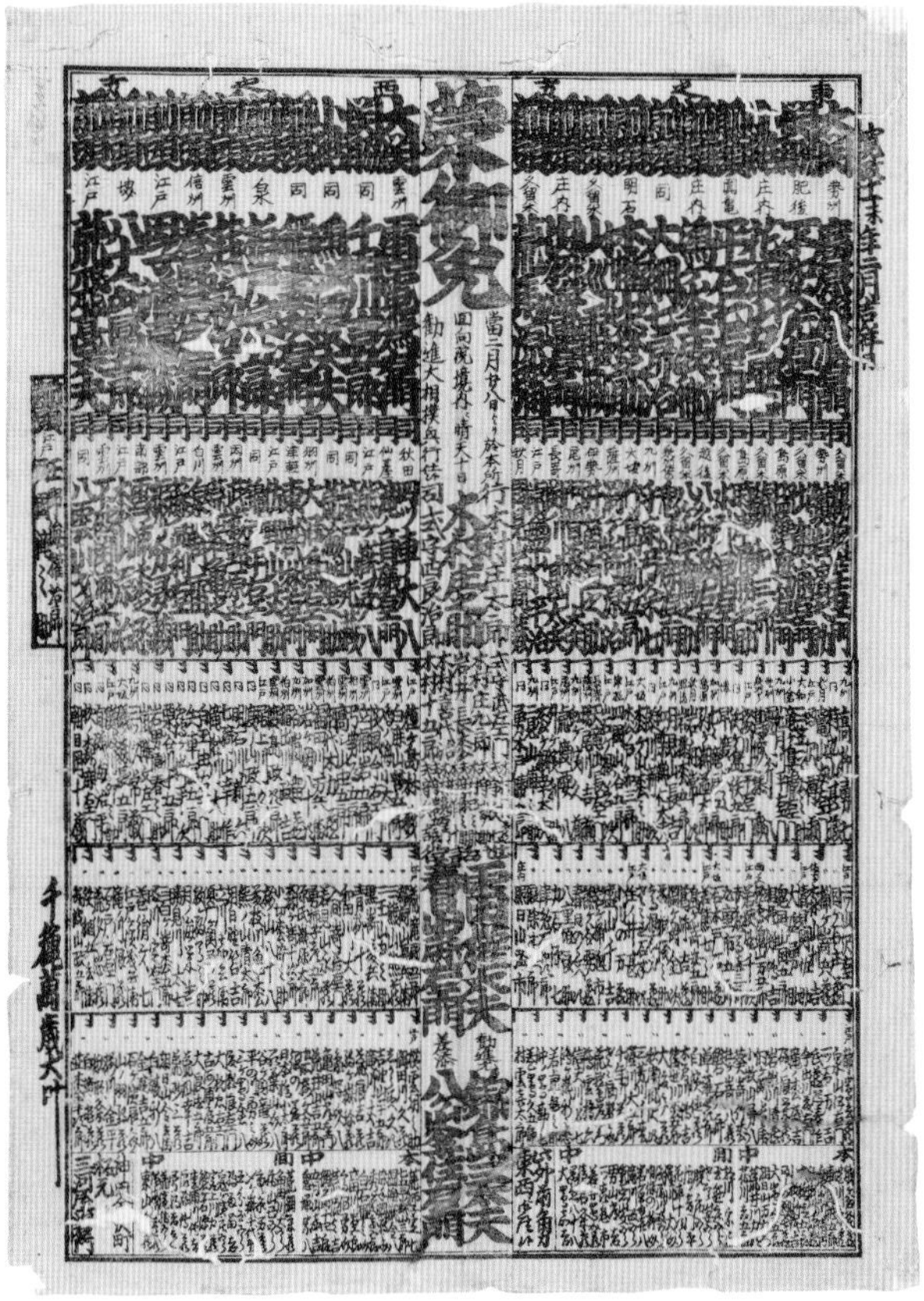

松江藩主の公邸　松江城三之丸御殿

現在、島根県庁舎が建つ場所には松江城三之丸御殿が建っていた。三之丸御殿は、政治を行う場所「表《おもて》」と藩主が生活する場所「奥《おく》」に分かれていた。「表」は本図の下部、「奥」は上部に位置し、「奥」の庭園には土俵を表す円が描かれている。

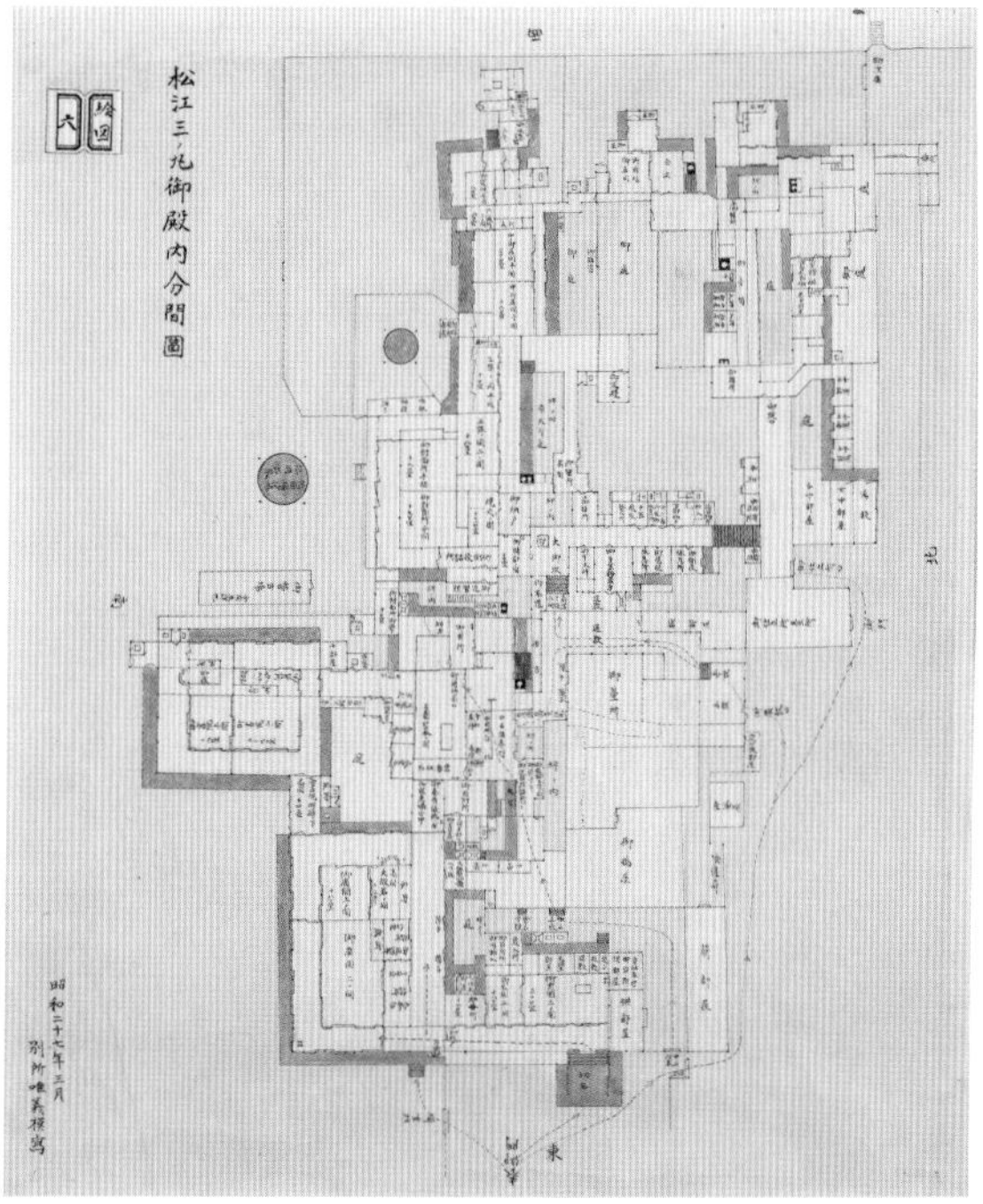

松江城三ノ丸御殿内分間図（写）
昭和二七年（一九五二）　松江歴史館

相撲《すもう》大好き松江の町人

江戸時代後期に太助《たすけ》という松江の町人が記した日記には「角力《すもう》」の記事が載る。嘉永元年（一八四八）十月に松江で興行した相撲について、五日間相撲があるのだが雨ばかりで大損だろうと感想を述べ、相撲三日目には見物に行きその勝敗を番付に書き記したと記す。同年三月にも相撲を見に行ったと記しており、松江の庶民の娯楽として相撲があったのだろう。

大保恵日記（松江市指定文化財）
嘉永元年（一八四八）
信楽寺（松江歴史館寄託）

①今日モ雨天ニテ角力モ出来ガタク、此度之相撲ハ雨天計ニテ五日之角力之所五日程雨中漸ク昨日一日角力致、又今日如此大損物ト相見へ申候、
②角力相集リ候而、七八日ニモ相成ケレ共、唯一日角力有共余皆雨天ニ而休、今日モ雨気ニテ如何、
③角力二日目、今日雨中ニモ角力有之候由、
④今日角力三日目、本一郎さま、市蔵附て行、此市蔵ハ法吉勘七が子也

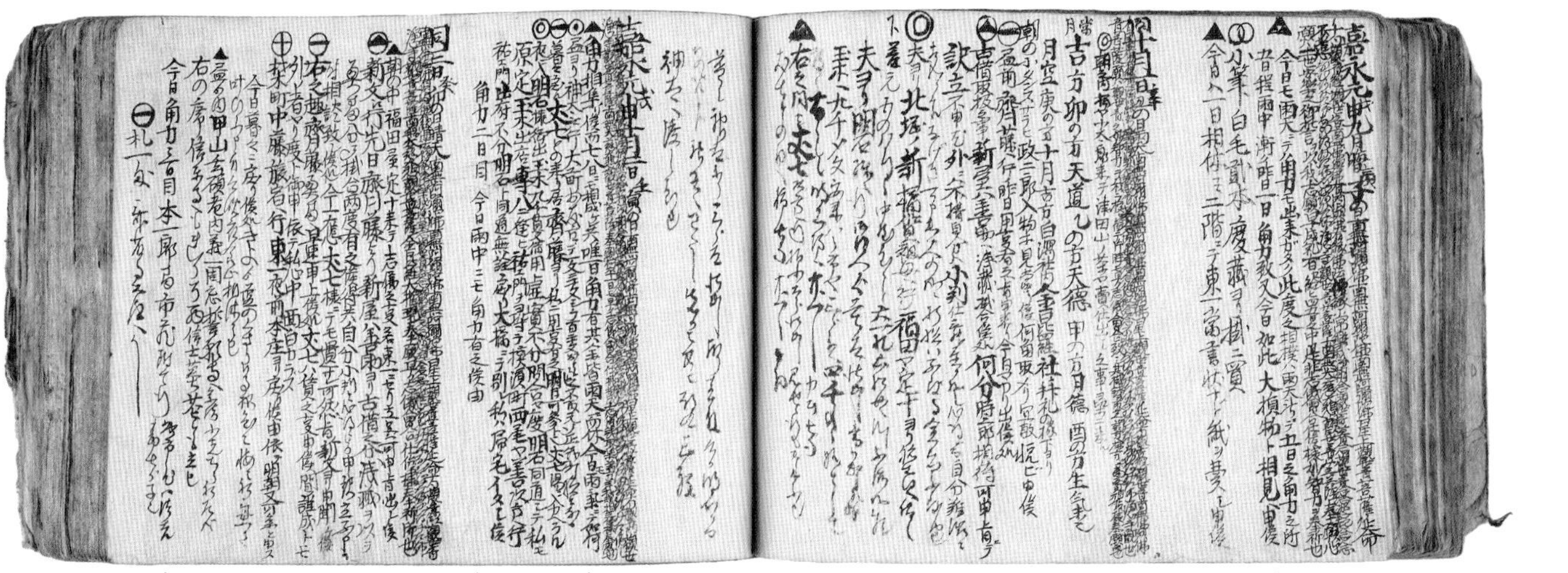

①　②　③　④

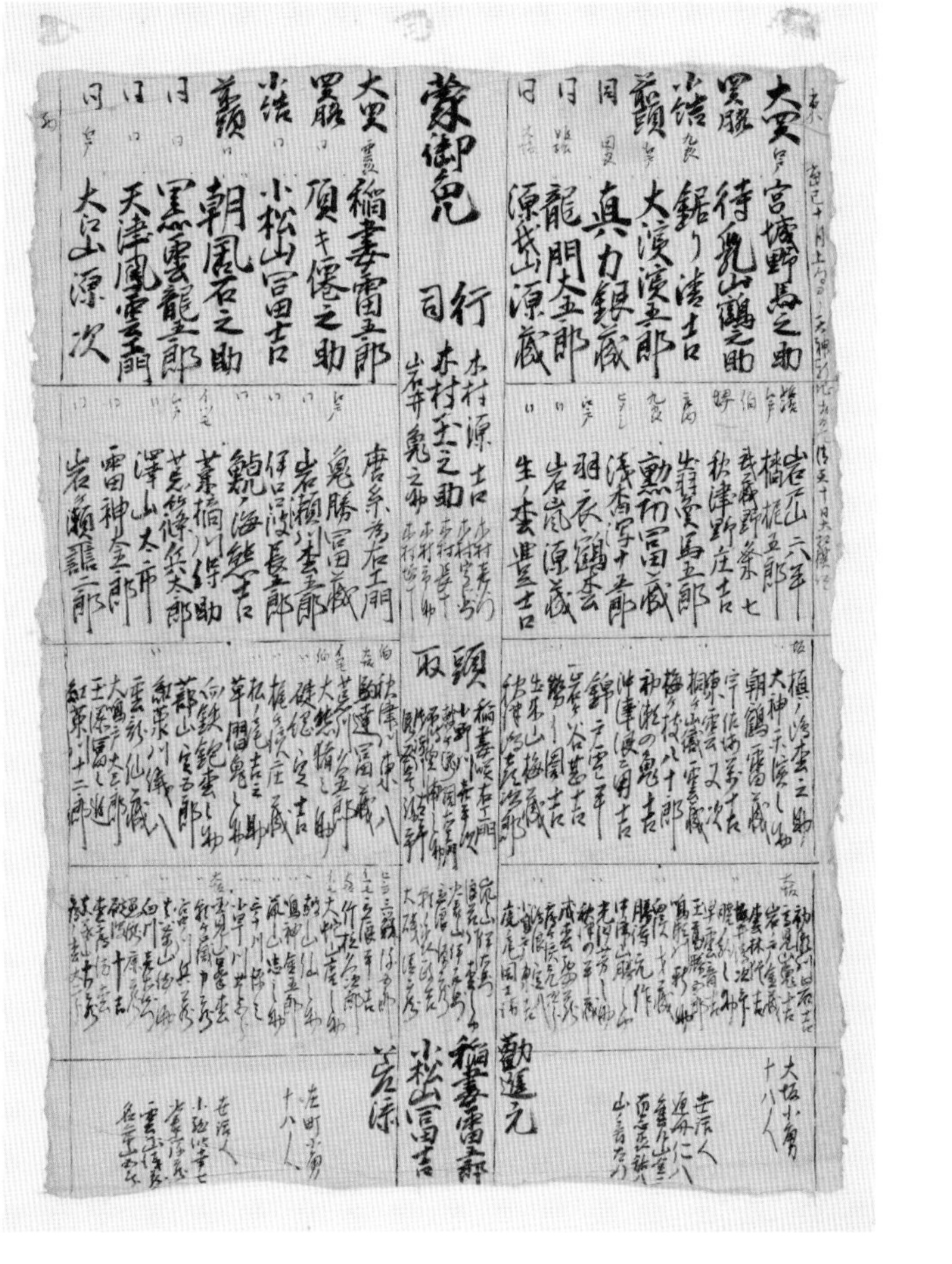

大相撲《おおずもう》松江天神新地《てんじんしんち》場所

江戸時代、各藩お抱え力士たちは藩主の参勤交代とともに江戸と国元を行き来した。雲州《うんしゅう》力士も江戸で相撲《すもう》を取り、そして松江城下においても相撲を取っている。本番付は、天神新地（白潟天満宮裏《しらかたてんまんぐううら》）で行われた相撲の番付で、西の上位を雲州力士の大関稲《いな》妻雷五郎《ずまらいごろう》、関脇頂《いただ》キ僊之助《せんのすけ》、小結小松山冨《こまつやまとみ》吉《きち》、前頭朝風石之助《あさかぜいしのすけ》や天津風雲エ門《あまつかぜくももん》（後の横綱秀《ひで》ノ山雷五郎《やまらいごろう》）らが占める。松江の町人が多数集まり観戦したのであろう。

相撲番付（松江市指定文化財）
天保四年（一八三三）　個人（松江歴史館寄託）

明治維新後の武術

松江藩の武道場は、幕末の慶応元年（一八六五）に殿町《とのまち》の藩校文武館《ぶんぶかん》（後に修道館《しゅうどうかん》）の一か所に集められた。これらの武道場は、明治二年（一八六九）八月に廃止されることになり、松江藩としての武術伝習は途絶えることとなった。さらに明治九年（一八七六）のいわゆる廃刀令《はいとうれい》により、師範の自邸で続けていた新当流《しんとう》の剣術は廃止となるなど、明治維新後の旧藩武術は廃れていく一方であった。

しかし、剣術に対し強い想いのある島根県知事の籠手《こて》田安定《だやすさだ》や直信流《じきしん》柔道《じゅうどう》の松下善之丞《まつしたぜんのじょう》はその状況にも屈せず、武術を伝授していく。特に松下善之丞は旧藩の武芸者らとともに、旧藩武術を継承していく「島根県講武会《しまねけんこうぶかい》」を結成する。武術は時代の波に翻弄《ほんろう》されながらも、現在でも続いているのである。

剣客知事《けんかくちじ》

籠手田安定《こてだやすさだ》

一八四〇〜一八九九

滋賀県、島根県、新潟県の県令や知事を歴任する。島根県には明治十八年（一八八五）から同二四年（一八九一）まで知事の任に就き、小泉八雲《こいずみやくも》を招聘《しょうへい》した。

額「興雲館」
明治二二年（一八八九）
有栖川宮熾仁親王書
松江歴史館

島根県知事が開いた剣道場　興雲館《こううんかん》

明治二二年（一八八九）三月十七日、島根県知事であった籠手田安定《こてだやすさだ》は、松江市内中原町《うちなかばら》の公邸内に剣道場「興雲館」を開く。その道場内に掲げられた額で、有栖川宮熾仁親王《ありすがわのみやたるひとしんのう》の筆による。籠手田は山岡鉄舟《やまおかてっしゅう》に学んだ剣術家で、その教えに「黒雲の内より興れる雷なれば是ぞ無妙の味と知れ」とあることから興雲館と名付けた。籠手田は山岡の一刀正伝無刀流《いっとうしょうでんむとう》を受け継ぎ、一刀流剣術の宗家が代々受け継ぐ朱引太刀《しゅびきのたち》を授けられた。朱引太刀は後に籠手田の弟子で旧松江藩士の柳多元治郎《やなぎたげんじろう》に受け継がれた。

明治時代になると、いわゆる廃刀令《はいとうれい》（帯刀禁止令《たいとうきんしれい》）のため武術、特に剣術は学ぶ者が少なくなり、道場も廃止を余儀なくされた。しかし、一部の剣術家によりなんとか続けられていた。

旧藩武術を伝えるため、島根県講武会《しまねけんこうぶかい》を結成

島根県講武会は、旧藩武術を奨励し各流の武芸を永遠に相続していくことを目的として、明治三三年（一九〇〇）に結成した。会長は旧家老の大《おお》橋《はし》茂《も》右衛《え》門《もん》で、発会時の会員は四三名であった。神社での奉納演武、大日本武徳会《ぶとくかい》の大会出演等の活動を行っていた。

講武会起源及ヒ沿革調査要項
大正十年（一九二一）
個人（松江歴史館寄託）

参考　ガラス写真「松下善之丞」
江戸時代末期～明治時代初期　松江歴史館

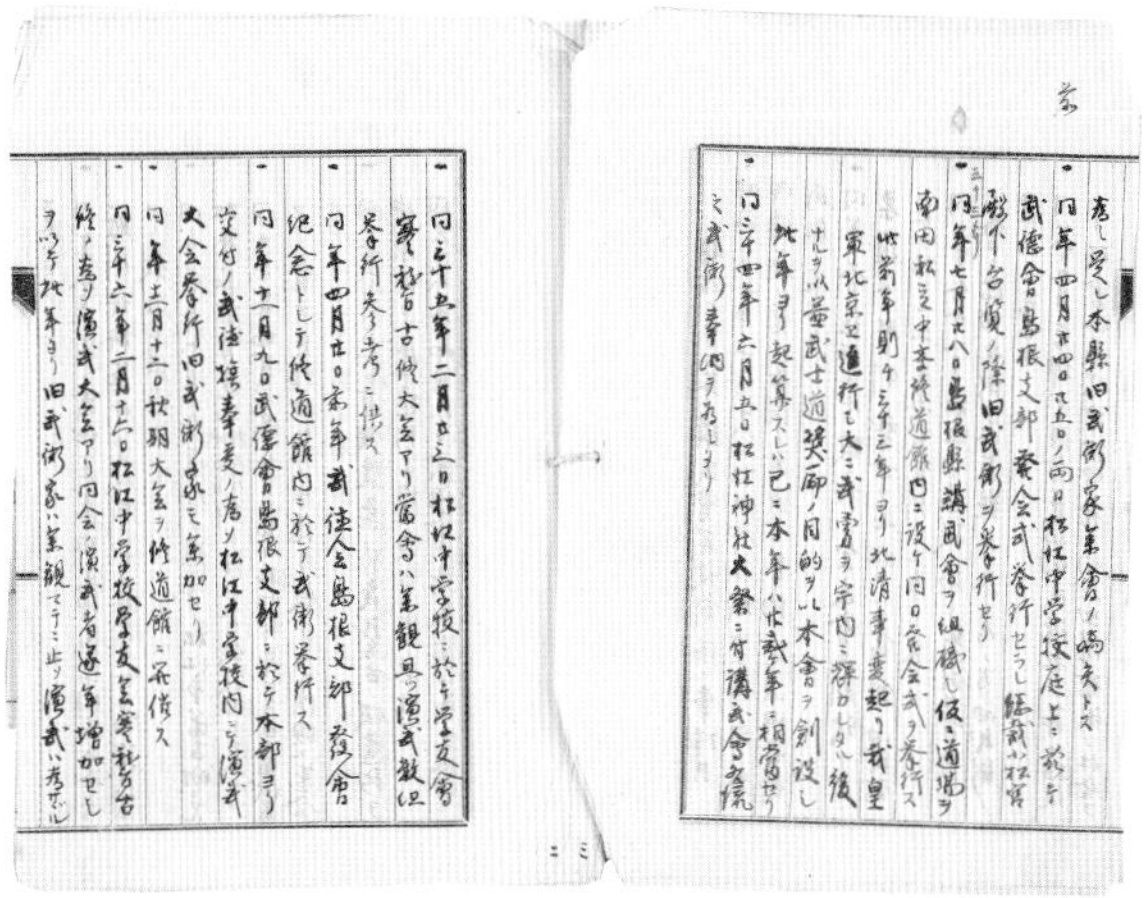

一同年（明治三十二年）五月、京都武徳会第四回武徳祭ノ節、一指流ヨリ板倉仁平次、中林啓蔵ノ両名出場、槍術ノ仕合ヲ為し是レ本県旧武術家参会ノ嚆矢トス、
一同年四月廿四日、廿五日ノ両日、松江中学校庭上ニ於テ武徳会島根支部発会式挙行セラレ、総裁小松宮殿下台覧ノ際旧武術ヲ挙行セリ、
一同年（明治三十三年）七月廿八日、島根県講武会ヲ組織シ、仮ニ道場ヲ南田私立中学修道館内ニ設ケ、同日発会式ヲ挙行ス、
　此前年則チ三十三年ヨリ北清事変起リ、我皇軍北京エ進行シ、大ニ武勇ヲ宇内ニ輝カシタル後ナルヲ以、益武士道奨励ノ目的ヲ以本会ヲ創設シ、此年ヨリ起算スレハ已ニ本年ハ廿弐ケ年ニ相当セリ、
一同三十四六月五日、松江神社大祭ニ付、講武会各流之武術奉納ヲ為シタリ、
一同三十五年二月廿三日、松江中学校ニ於テ学友会寒稽古修大会アリ、当会ハ参観且ツ演武数組挙行参考ニ供ス、
一同年四月廿日、前年武徳会島根支部発会紀念トシテ修道館内ニ於テ武術挙行ス、
一同年十一月九日、武徳会島根支部ニ於テ本部ヨリ交付ノ武徳旗奉受ノ為メ、松江中学校内ニテ演武大会挙行、旧武術家モ参加セリ、
一同年十二月十二日、秋期大会ヲ修道館ニ開催ス、
一同三十六年二月十六日、松江中学校学友会寒稽古修ノ為メ演武大会アリ、同会ノ演武者遂年（ママ）増加セシヲ以此年ヨリ旧武術家ハ参観マテニ止メ演武ハ為サヾル、

旧藩武術を伝える
松下善之丞《まつしたぜんのじょう》
一八四二～一九一二

松下家は松江藩家老の柳多《やなぎた》家に仕える与力で、慶応四年（一八六八）に藩士となる。善之丞は直信流柔道《じきしんりゅうじゅうどう》の堤六大夫《つつみろくだゆう》、井上治部大夫《いのうえじぶだゆう》に就いて学び、明治二五年（一八九二）に師範となった。旧藩武術の衰退を嘆き、島根県《しまねけん》講武会《こうぶかい》を結成し武術の隆興に務めた。

松江藩武術各流派、活発に活動する

大日本武徳会《ぶとくかい》島根支部の演武会において、旧藩武術と学生の演武が行われた。剣術の不伝流《ふでん》と新当流《しんとう》、槍術の一指流《いっし》と樫原《かしはら》流、直信流柔道《じきしんじゅうどう》、捕縛術《ほばく》の一覚流《いっかく》等、旧藩武術の各流派が勢ぞろいしていた。明治時代後期、旧藩武芸者は伝統を絶やさないよう積極的に活動していた。

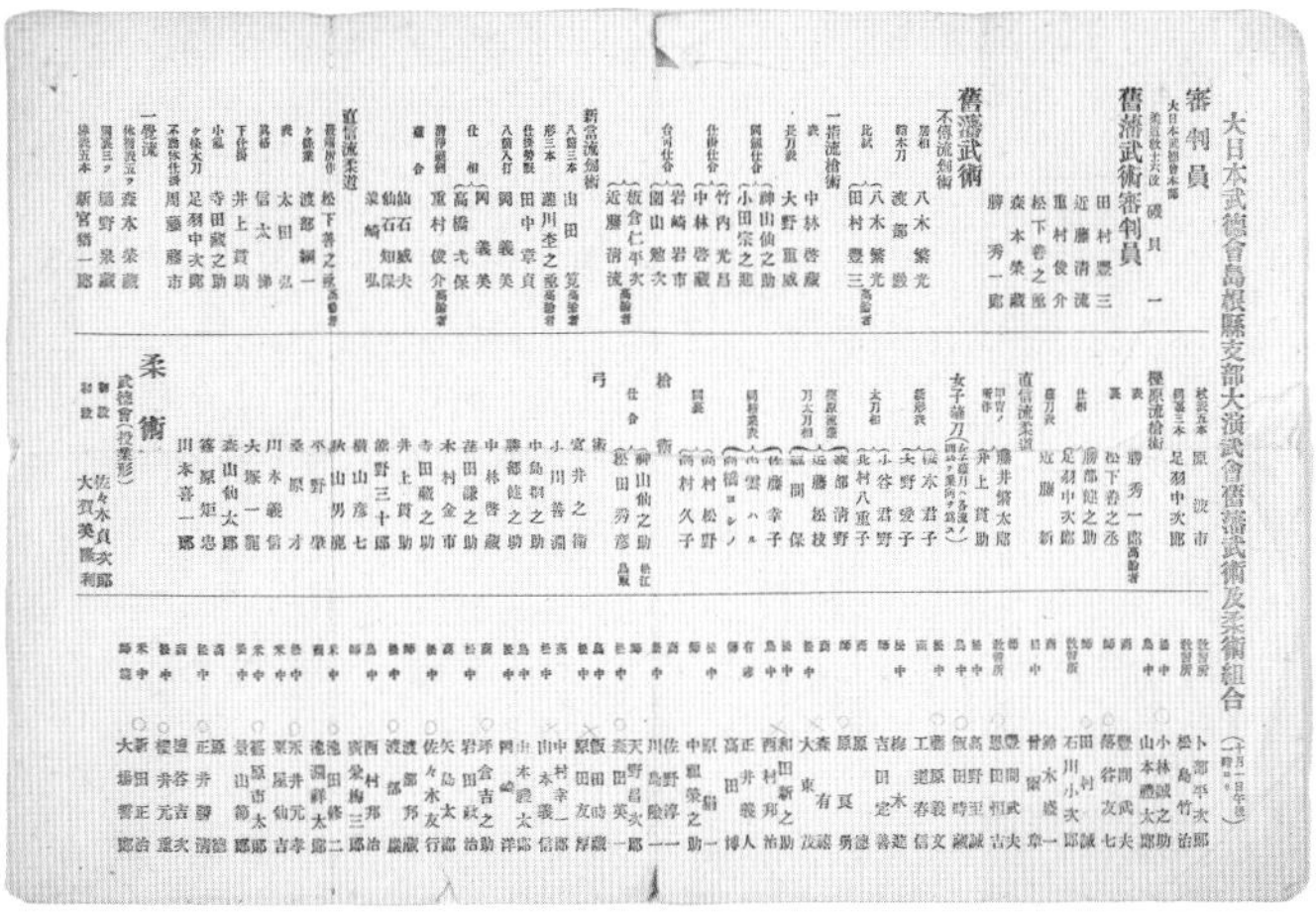
大日本武徳會島根縣支部大演武會舊藩武術及柔術組合

大日本武徳会島根県支部大演武会旧藩武術及柔術組合
明治四四年（一九一一）　個人（松江歴史館蔵寄託）

旧藩士、皇太子の前で武術の演武をする

明治四十年（一九〇七）五月二五日、島根県を行啓《ぎょうけい》中の皇太子嘉仁親王《よしひとしんのう》（後の大正天皇）は、松江城内興雲閣《こううんかく》前において旧藩士の武術試合を観覧する。七十歳前後の旧藩武術者による剣術《けんじゅつ》・槍術《そうじゅつ》・柔道《じゅうどう》の試合で、出演者にはそれぞれ金銭が渡された。旧藩士にとっては、この上ない栄誉であった。

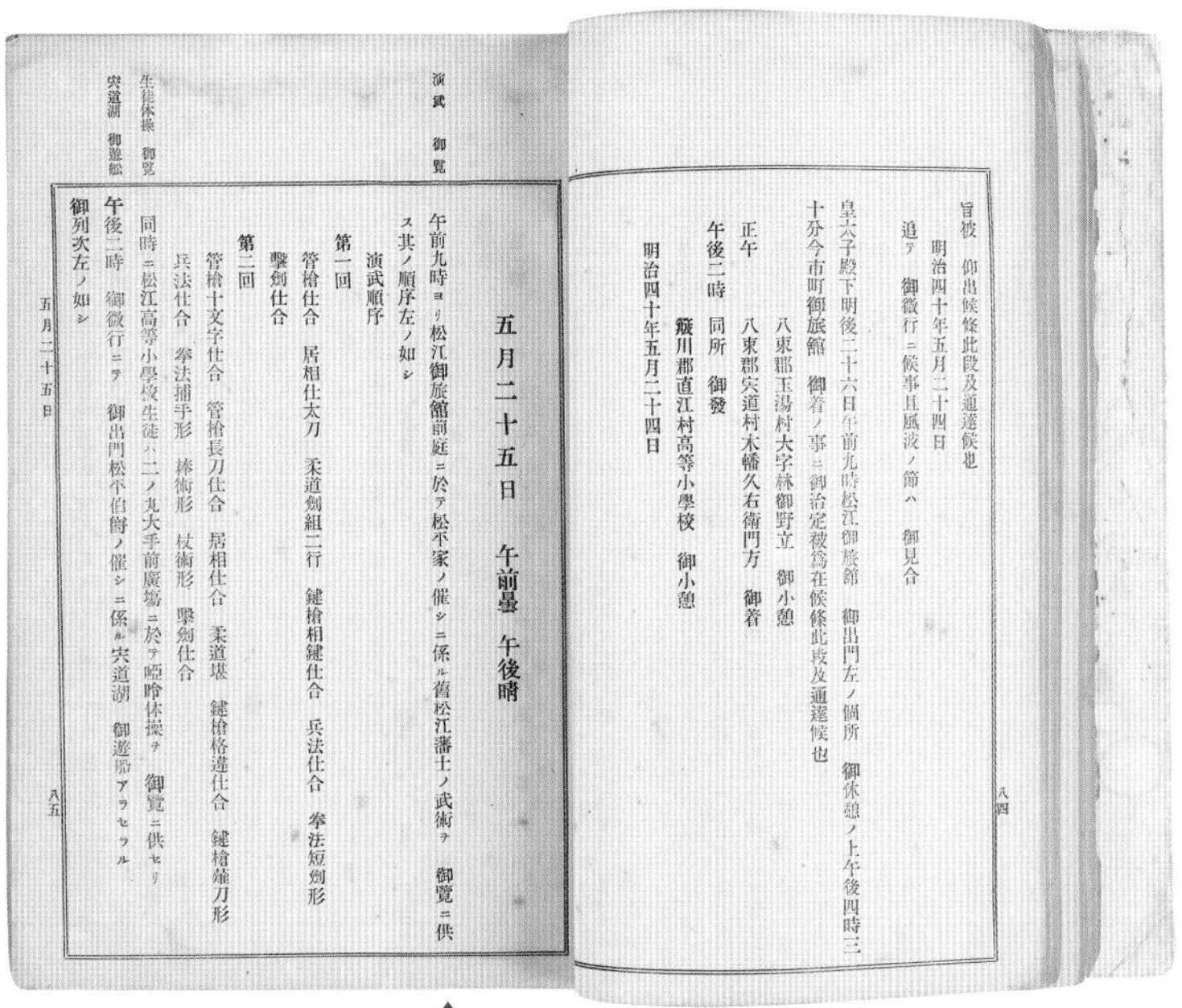

旨被　御出候條此段及通達候也
明治四十年五月二十四日
追テ　御微行ニ候事且風波ノ節ハ　御見合
皇太子殿下明後二十六日午前九時松江御旅館　御出門左ノ個所　御休憩ノ上午後四時三十分今市町御旅館　御着ノ事ニ御治定被爲在候條此段及通達候也
八東郡玉湯村大字林御野立　御小憩
正午　八東郡宍道村木幡久右衛門方　御着
午後二時　同所　御發
簸川郡直江村高等小學校　御小憩
明治四十年五月二十四日

八四

五月二十五日　午前曇　午後晴
演武　御覧
午前九時ヨリ松江御旅館前庭ニ於テ松平家ノ催シニ係ル舊松江藩士ノ武術ヲ御覧ニ供ス其ノ順序左ノ如シ
演武順序
第一回
管槍仕合　居相仕太刀　柔道劍組二行　鍵槍相鍵仕合　兵法仕合　拳法短劍形
擊劍仕合
第二回
管槍十文字仕合　管槍長刀仕合　居相仕合　柔道埸　鍵槍格遣仕合　鍵槍薙刀形
兵法仕合　拳法捕手形　棒術形　杖術形　擊劍仕合
生徒体操　御覧
同時ニ松江高等小學校生徒ハ二ノ丸大手前廣場ニ於テ啞吟体操ヲ御覧ニ供セリ
宍道湖　御遊船
午後二時　御微行ニテ　御出門松平伯爵ノ催シニ係ル宍道湖　御遊船アラセラル
御列次左ノ如シ

五月二十五日　八五

皇太子殿下島根県行啓日誌　明治四十年（一九〇七）　松江歴史館

写真「東宮殿下御前試合」　明治四十年（一九〇七）　個人

薙刀《なぎなた》を振るう少女

十五歳の勝田不二子《かつたふじこ》が薙刀を振るい、六六歳の勝秀一郎《かつしゅういちろう》が太刀で受ける。勝は樫原《かしはら》流鍵槍《かぎやり》の練達者で、薙刀も鍵槍の形《かた》の一つであった。嘉仁親王《よしひとしんのう》（後の大正天皇）は演武をする少女を見て、機嫌よく「天晴《あっぱれ》のものよ」と褒めたたえた。

皇太子から賜った金銭

皇太子の前で行った武術演武に際し、松下善之《まつしたぜんの》丞《じょう》は直信流《じきしんりゅう》柔道《じゅうどう》と樫原《かしはら》流鍵槍《かぎやり》の二流を行う。これに対し皇太子から、金一円二五銭を頂戴した。

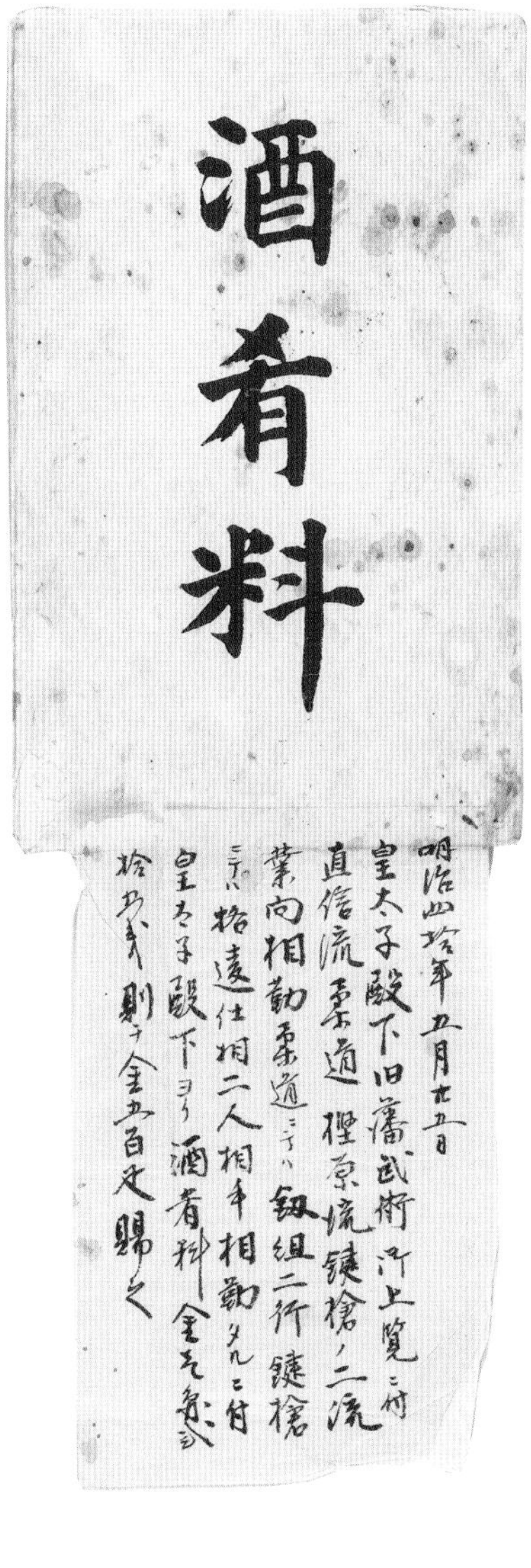

酒肴料包　明治四十年（一九〇七）　個人（松江歴史館寄託）

［釈文］
明治四拾年五月廿五日
皇太子殿下旧藩武術御上覧ニ付、
直信流柔道・樫原流鍵槍ノ二流
業向相勤、柔道ニテハ釼組二行、鍵槍
ニテハ格違仕相二人相手相勤タルニ付、
皇太子殿下ヨリ酒肴料金壱円弐
拾五銭、則チ金五百疋賜之、

旧藩武術、若者の減少で危機に

島根県講武会《しまねけんこうぶかい》の結成から二十年が経ち、結成時の会員が高齢のため離脱し、また若者の参加もないため、会は解散することとなった。武道の奨励を目的とした大日本武徳会《ぶとくかい》島根支部は終戦時まで続くが、旧藩武術を取りまとめた団体は大正十年（一九二一）に絶える。

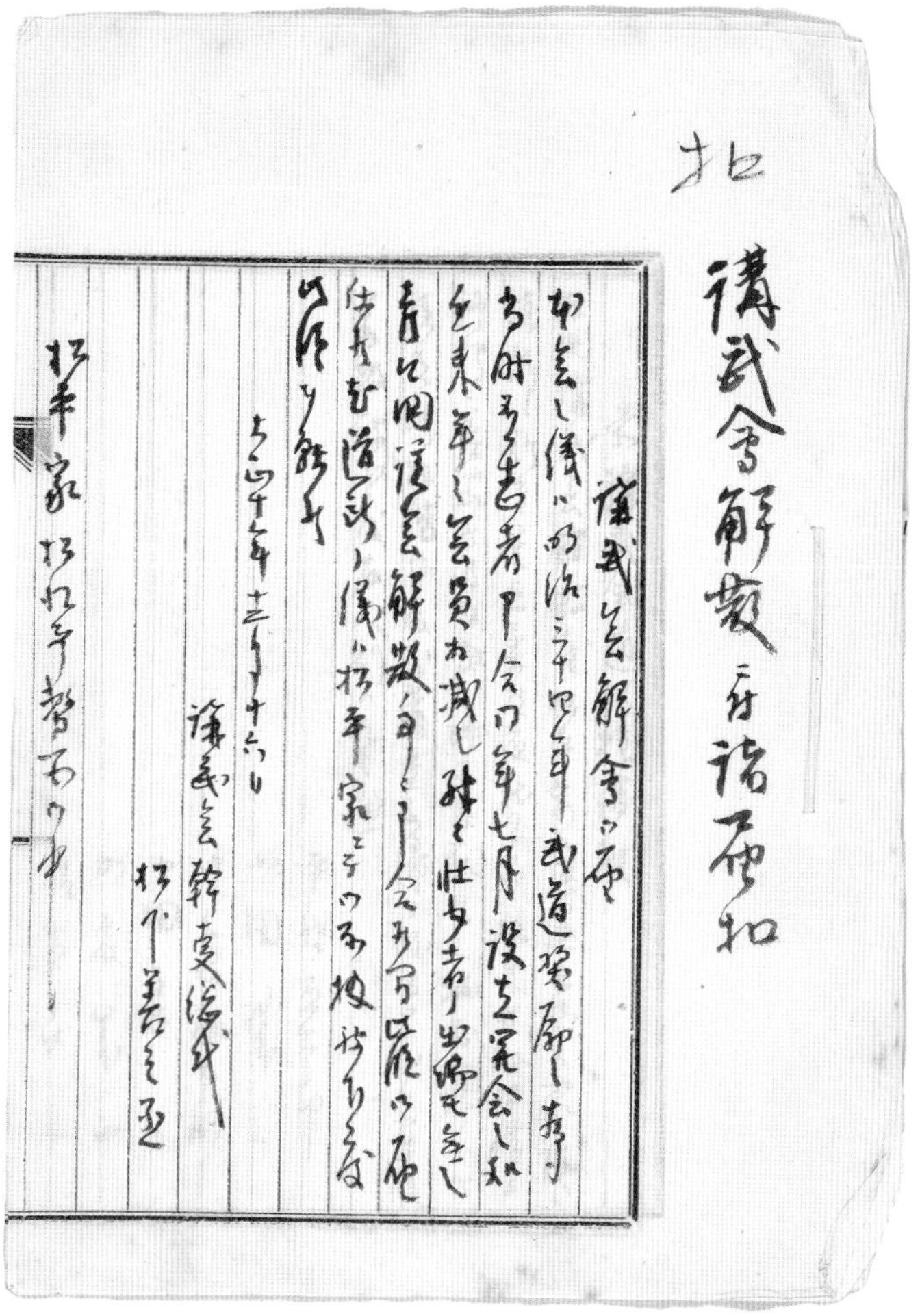

扣　講武会解散ニ付諸届扣

講武会解会御届

本会之儀ハ明治三十四年武道奨励之為メ当時有志者申合、同年七月設立開会之処、近来年々会員相減シ殊ニ壮少者ノ出場モ無之旁今回該会解散ノ事ニ申合候間、此段御届仕候、尤道所ノ儀ハ松平家ニテ御取扱被下度此段奉願候、

大正十年十二月十六日

講武会幹事総代
松下善之丞

松平家松江事務所御中

講武会解散ニ付諸届扣
大正十年（一九二一）
個人（松江歴史館寄託）

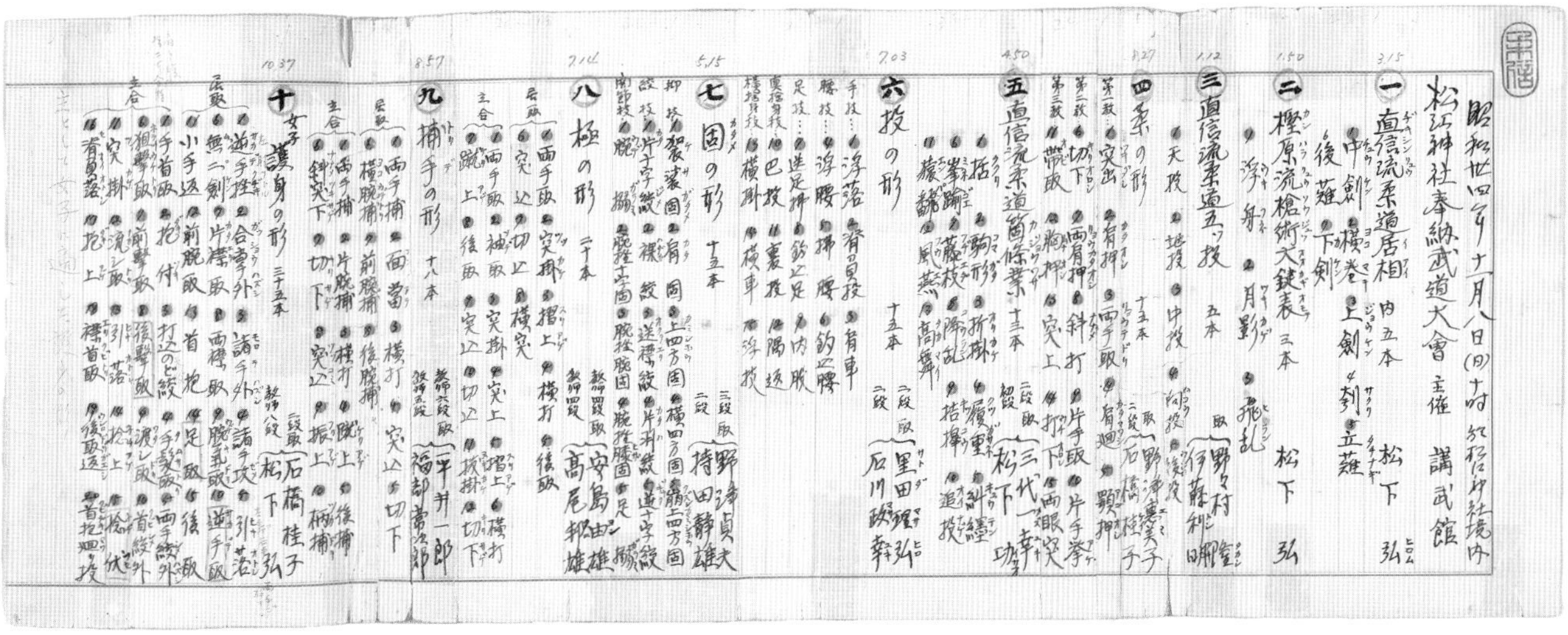

昭和廿四年十一月八日(日)午前十時 松江神社境内
松江神社奉納武道大會 主催 講武館
一 直信流柔道居相 内五本 松下弘
二 樫原流槍術大鍵表 三本 松下弘
三 直信流柔道五ツ投 五本
四 柔の形 十五本
五 直信流柔道箇條業 十三本
六 投の形 十五本
七 固の形 十五本 三段 野津貞夫 二段 持田静雄
八 極の形 二十本 安島 高尾
九 捕手の形 十八本 教師六段 平井一郎 教師五段 福部常次郎
十 女子 護身の形 三十五本 二段 石橋桂子 教師八段 松下弘

直信流柔道《じきしんりゅうじゅうどう》の伝統を伝える

終戦後、旧藩武術の伝統はほぼ消えかけていた。

松江で「講武館《こうぶかん》」という柔道場を構えていた松下弘《まつしたひろむ》（善之丞の子）は、直信流柔道の師であり、樫原《かしはら》流鍵槍《かぎやり》の練達者であった。本書は、講武館が主催した武道大会の演目で、昭和三十年代においても、直信流柔道が広く伝えられていたことを示す。現代でも直信流柔道は研究会により続けられている。

松江神社奉納武道大会演目
昭和二四年（一九五九）
個人（松江歴史館寄託）

第二章

創立一〇〇周年
松江体育協会

近代になると競技スポーツが導入されます。日本のスポーツ団体「大日本体育協会」が成立し、二代会長に雑賀町《さいかまち》出身の岸《きし》清一《せいいち》が就任した。岸の推奨により島根県体育協会、そして大正十三年（一九二四）五月に松江体育協会が創立します。松江体育協会主催の山陰オリンピック大会で活躍した選手から多くのオリンピック選手が誕生したのです。

松江体育協会 誕生の契機となった 山陰オリンピック大会

島根県のスポーツは、大正二年（一九一三）開催の連合青年陸上大運動会（現在の全山陰陸上競技大会の前身）に始まる。後に名称が山陰オリンピック大会となり、大会規模が大きくなったため、組織の拡充と運営の近代化を図り松江体育協会が誕生した。この楯は松江市出身の彫刻家山根《やまね》八春《はっしゅん》が制作したもので、山陰オリンピック大会の優勝者に贈られた。

山陰オリンピックの優勝楯
大正時代、山根八春作　松江歴史館

八〇〇人もの選手が出場した山陰オリンピック大会

大正八年（一九一九）五月十七日と十八日に開催した山陰オリンピック大会の絵葉書で、上が開会式、下がハイハードルレースである。本大会は松江市連合青年会が主催し、現在の松江市庁舎周辺の末次埋立地《すえつぐうめたてち》で行われた。本大会は山陰両県から八〇〇名の選手が集まった。これより参加者は年々増加し第十回大会には一六六〇名に達したという。山陰オリンピック大会の規模が大きくなりすぎ、新たな組織が必要となり松江体育協会の創立へとつながる。

絵葉書「第七回山陰オリムピック大会」
大正八年（一九一九）　個人（松江歴史館寄託）

松江体育協会

創立一〇〇周年　松江体育協会

大正十三年（一九二四）五月一日、島根県と鳥取県のスポーツを統括する団体として松江体育協会が誕生し、地域の陸上競技の発展に貢献してきた。今年で創立一〇〇年を迎える。創立の際に、常務理事の園山重之《そのやましげのり》考案による会章が決定した。これは「MATSUE ATHLETIC ASSOCIATION」の頭文字MとAを組み合わせたもので、現在も松江体育協会の会章として使用している。

松江体育協会の旗　昭和時代　松江歴史館

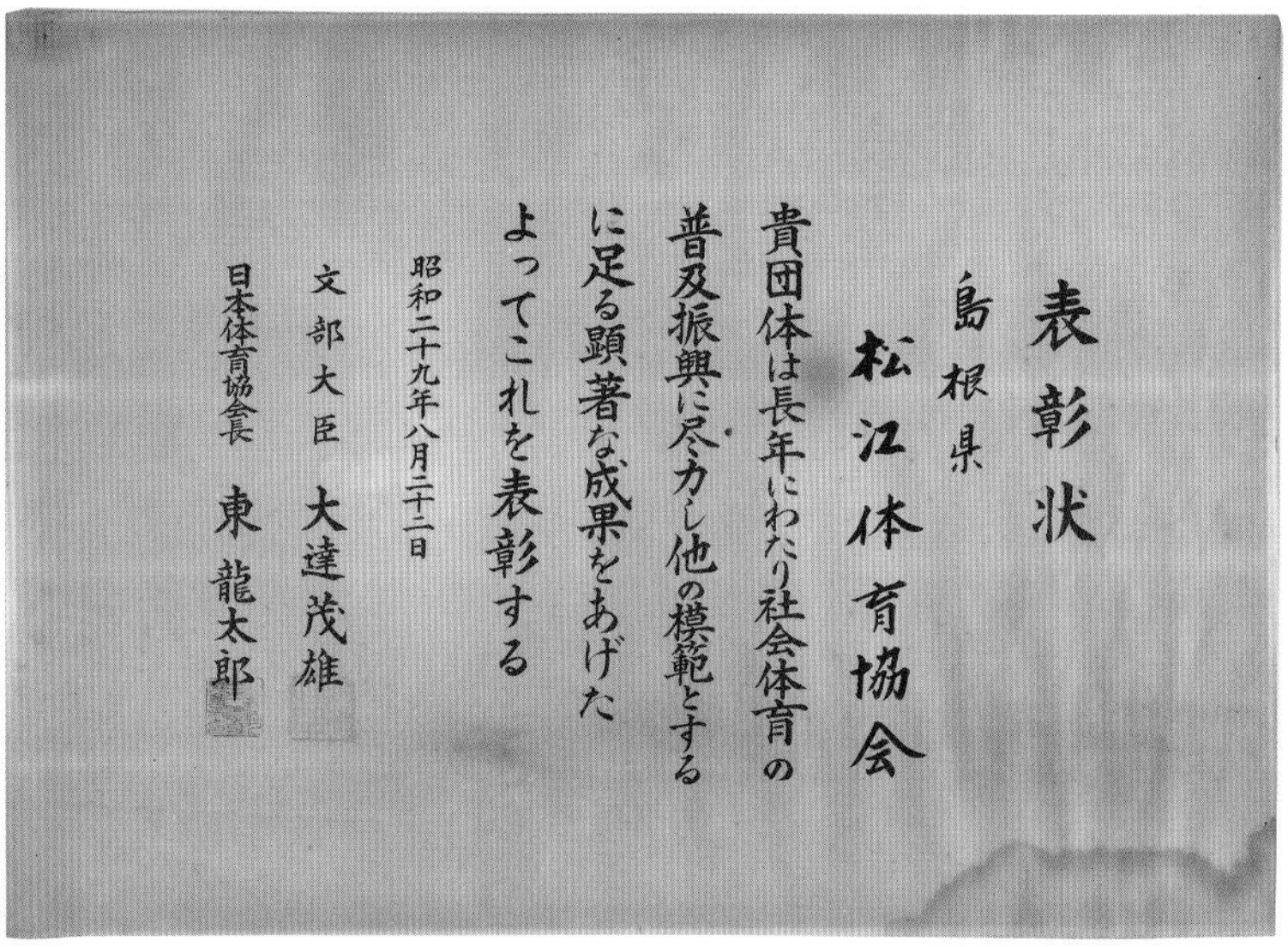
表彰状
島根県
松江体育協会
貴団体は長年にわたり社会体育の
普及振興に尽力し他の模範とする
に足る顕著な成果をあげた
よってこれを表彰する
昭和二十九年八月二十二日
文部大臣　大達茂雄
日本体育協会長　東龍太郎

社会体育の普及振興に尽力した表彰

松江体育協会は、大正十三年（一九二四）の創立以来、社会体育の普及振興に尽力している。他の模範となるような顕著な功績により、北海道で開催した第九回国民体育大会に際し文部大臣から表彰された。表彰制度は昭和二四年（一九四九）に出来ており、非常に早い時期での表彰である。

表彰状
昭和二九年（一九五四）　松江歴史館

看板「財団法人　松江体育協会」
昭和六二年（一九八七）、斎藤強書　公益財団法人 松江体育協会

時代とともに変化する組織

松江体育協会は、昭和五四年（一九七九）に法人化し、「財団法人　松江体育協会」となった。これは年々増加する加盟団体や松江市からのスポーツ行政への協力依頼に対処できる体制を作り、組織力を強化するためであった。平成二五年（二〇一三）には公益財団法人となり現在に至る。看板を書いた斎藤強は、松江体育協会会長を長く務めた松江市長である。

消えた松江の体育施設

①

②

③

④

⑤

⑥

⑦

①②昭和運動場と松江球場（松江市西川津町）

昭和運動場は昭和4年（1929）に竣工し同52年（1977）に役目を終えた。松江野球場は同7年（1932）に竣工し同48年に閉鎖する。右の画像は竣工当時の昭和運動場で、全山陰陸上競技選手権大会の様子である。中央の選手が優勝楯を持っている。

③城山テニスコート（松江市殿町）

昭和24年（1949）に松江城外曲輪（二之丸下ノ段）へ設置され、同48年（1973）ごろに撤去された。後ろに見える大きな建物は武道道場の武徳殿である。

④椿谷バレーコート（松江市殿町）

昭和24年（1949）に松江城の椿谷に設置、土塁が天然の観客席となった。同44年（1969）に撤去された。

⑤⑥⑦岸運動場（松江市上乃木一丁目）

岸清一の死後、遺族がその遺志を酌み、購入した土地を運動場に整備し、昭和14年（1939）に松江市に寄付した。その後、松江市袖師町に移転して再整備し「岸公園」となった。

日本女子体操界の初代女王

園《その》山《やま》綾《あや》子《こ》

一九二二〜？

大正十一年（一九二二）、松江市外中原《そとなかばら》町で生まれる。体育運動が盛んであった内中原《うちなかはら》小学校を卒業し、松江市立高等家政女学校に入学して体操部で活躍した。

昭和十二年（一九三七）に日本で初めて行われた第一回全日本女子体操競技大会において総合優勝を果たし、日本女子体操界の初代女王となった。

父は「島根体育の父」と仰がれる園山亀蔵《かめぞう》、漫画家の園山俊二《しゅんじ》は実弟である。

参考　写真「園山綾子」
昭和11年（1936）　松江歴史館

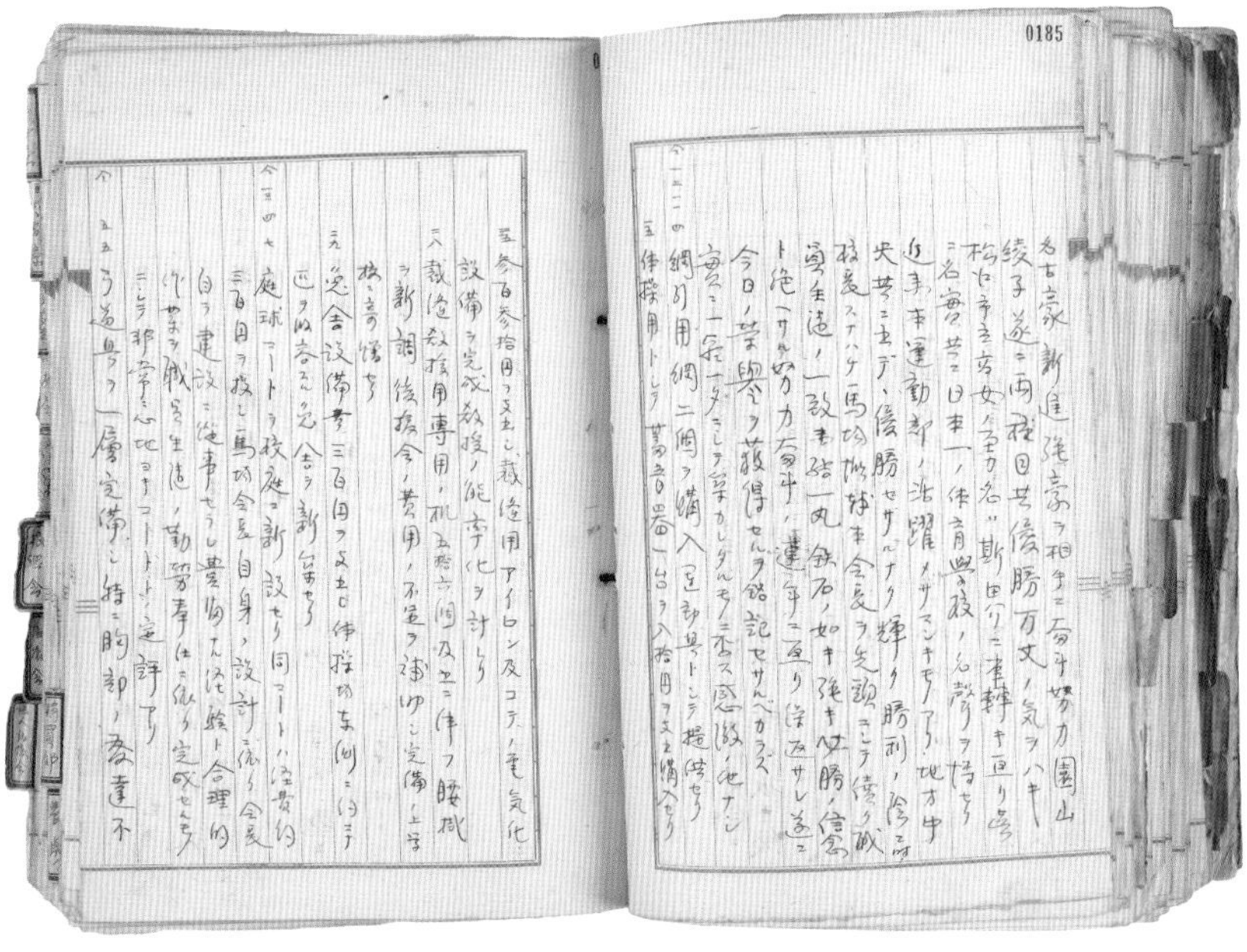

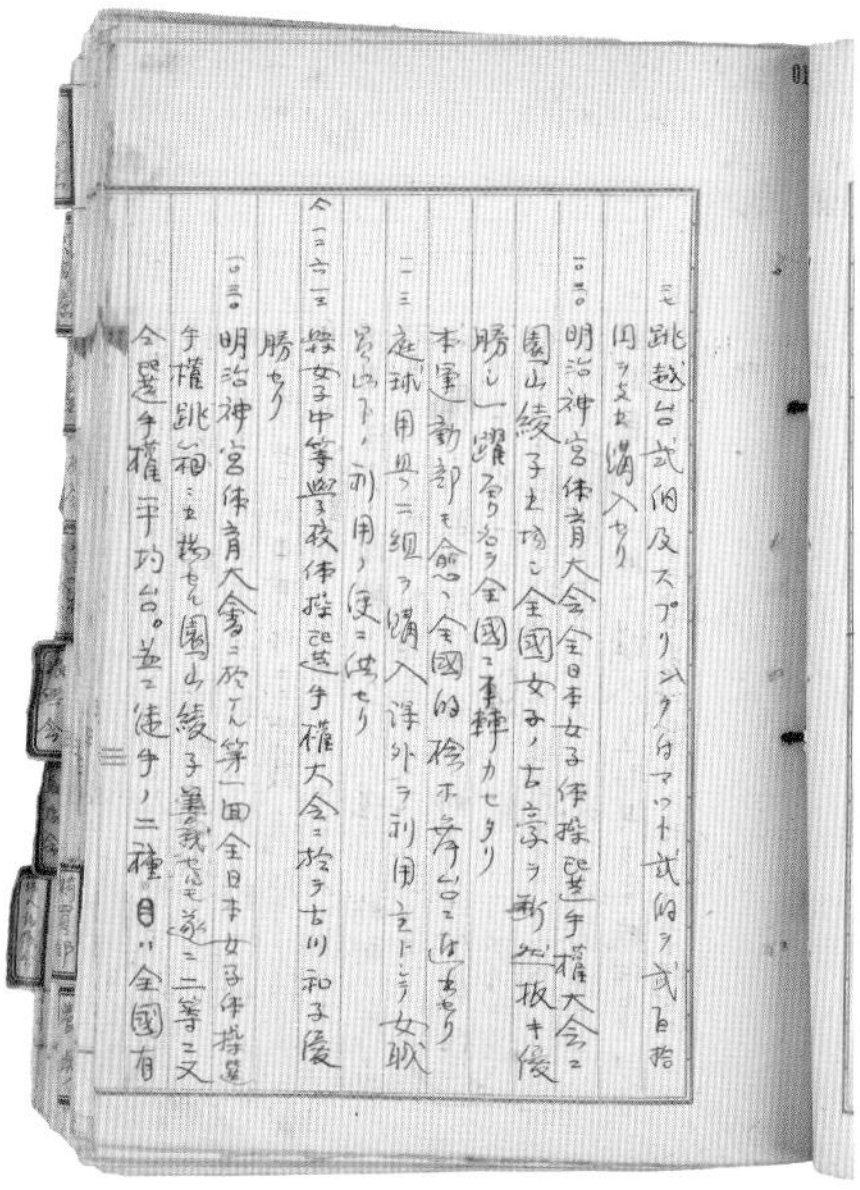

園山綾子《そのやまあやこ》、その名を全国に轟《とどろ》かす

松江市立高等女学校の学校沿革史には、全国有名古豪《ここう》や新進気鋭《しんしんきえい》の強豪を抜いて園山綾子が体操競技で全国優勝したことにより、学校の名が全国に轟いたと記す。学校と選手が一丸となり、努力奮闘を続けた結果、この栄誉を得ることができたと記している。書振《かきぶり》から筆者の興奮、感激が伝わる。

松江市立高等学校学校沿革史
昭和時代前期　松江歴史館

一〇三〇　明治神宮体育大会ニ於ケル第一回全日本女子体操選
手権跳箱ニ出場セル園山綾子善戦セルモ遂ニ二等ニ、又
同選手権平均台。並ニ徒手ノ二種目ハ全国有
名古豪新進強豪ヲ相手ニ奮斗努力園山
綾子遂ニ両種目共優勝、万丈ノ気ヲハキ
松江市立高女ノ勇名ハ斯界ニ轟キ亘リ真
ニ名実共ニ日本一ノ体育学校ノ名声ヲ博セリ、
近来本運動部ノ活躍メサマシキモノアリ、地方中
央共ニ出デ、、優勝セサルナク、輝ク勝利ノ陰ニ時ノ
校長スナハチ馬場修輔本会長ヲ先頭ニシテ続ク職
員生徒ノ一致団結一丸鉄石ノ如キ強キ必勝ノ信念
ト絶ヘサル努力奮斗ノ連年ニ亘リ繰返サレ、遂ニ
今日ノ栄誉ヲ獲得セルヲ銘記セサルベカラズ、
実ニ一朝一夕ニシテ築カレタルモノニ否ス感激ノ他ナシ

全国を制した賞状

第九回明治神宮体育大会に参加した園山綾子《そのやまあやこ》が、同大会の第一回女子体操選手権で優勝した際の表彰状である。競技は徒手《としゅ》（床運動のこと）、跳箱《とびばこ》、平均台、平行棒、低鉄棒の五種目のうち三種目の選択で、園山は徒手一位、平均台一位、跳箱二位となり総合優勝の栄冠を得た。

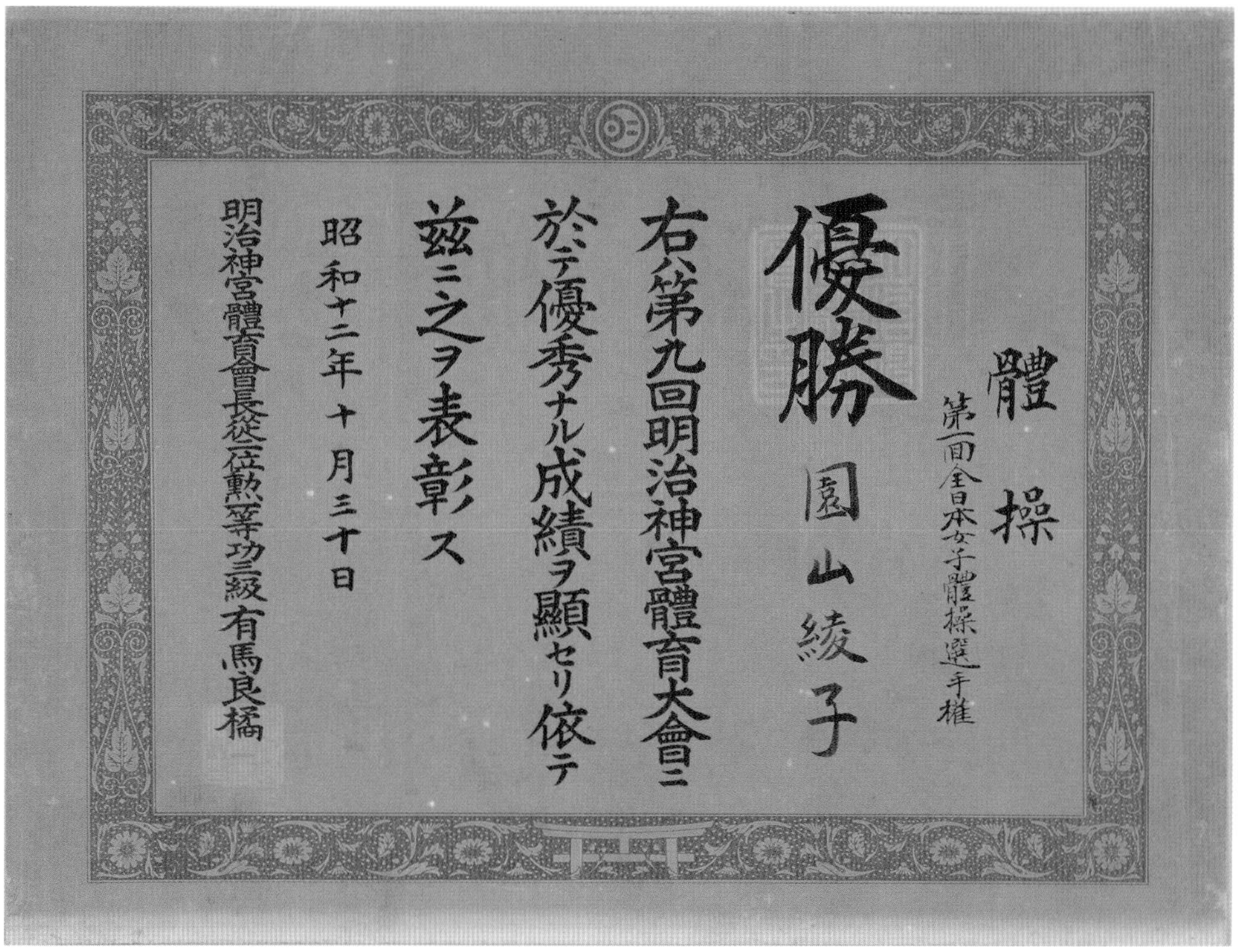

體操
第一回全日本女子體操選手權
優勝
園山綾子
右ハ第九回明治神宮體育大會ニ於テ優秀ナル成績ヲ顯セリ依テ茲ニ之ヲ表彰ス
昭和十二年十月三十日
明治神宮體育會長從二位勳一等功三級有馬良橘

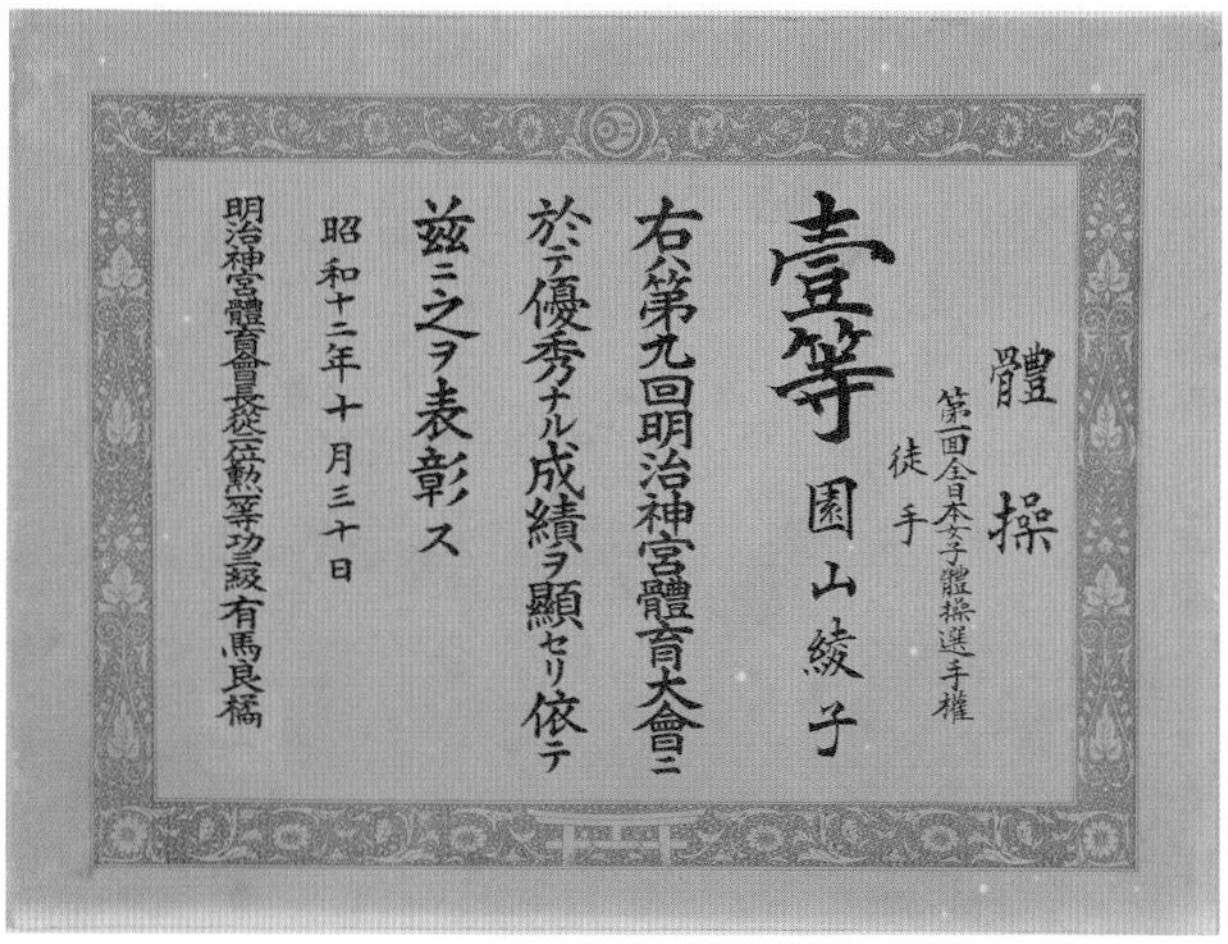

體操
第一回全日本女子體操選手權
徒手
壹等
園山綾子
右ハ第九回明治神宮體育大會ニ於テ優秀ナル成績ヲ顯セリ依テ茲ニ之ヲ表彰ス
昭和十二年十月三十日
明治神宮體育會長從二位勳一等功三級有馬良橘

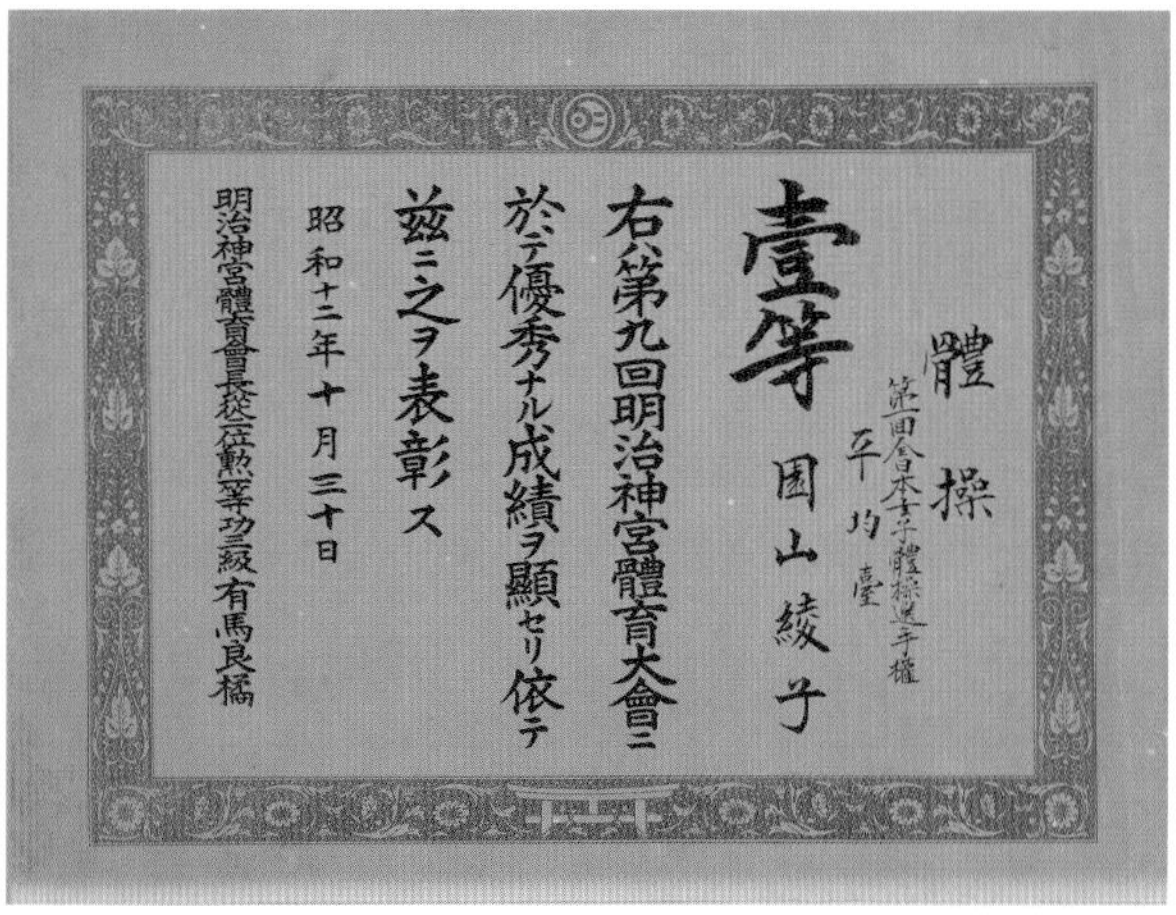

體操
第一回全日本女子體操選手權
平均臺
壹等
園山綾子
右ハ第九回明治神宮體育大會ニ於テ優秀ナル成績ヲ顯セリ依テ茲ニ之ヲ表彰ス
昭和十二年十月三十日
明治神宮體育會長從二位勳一等功三級有馬良橘

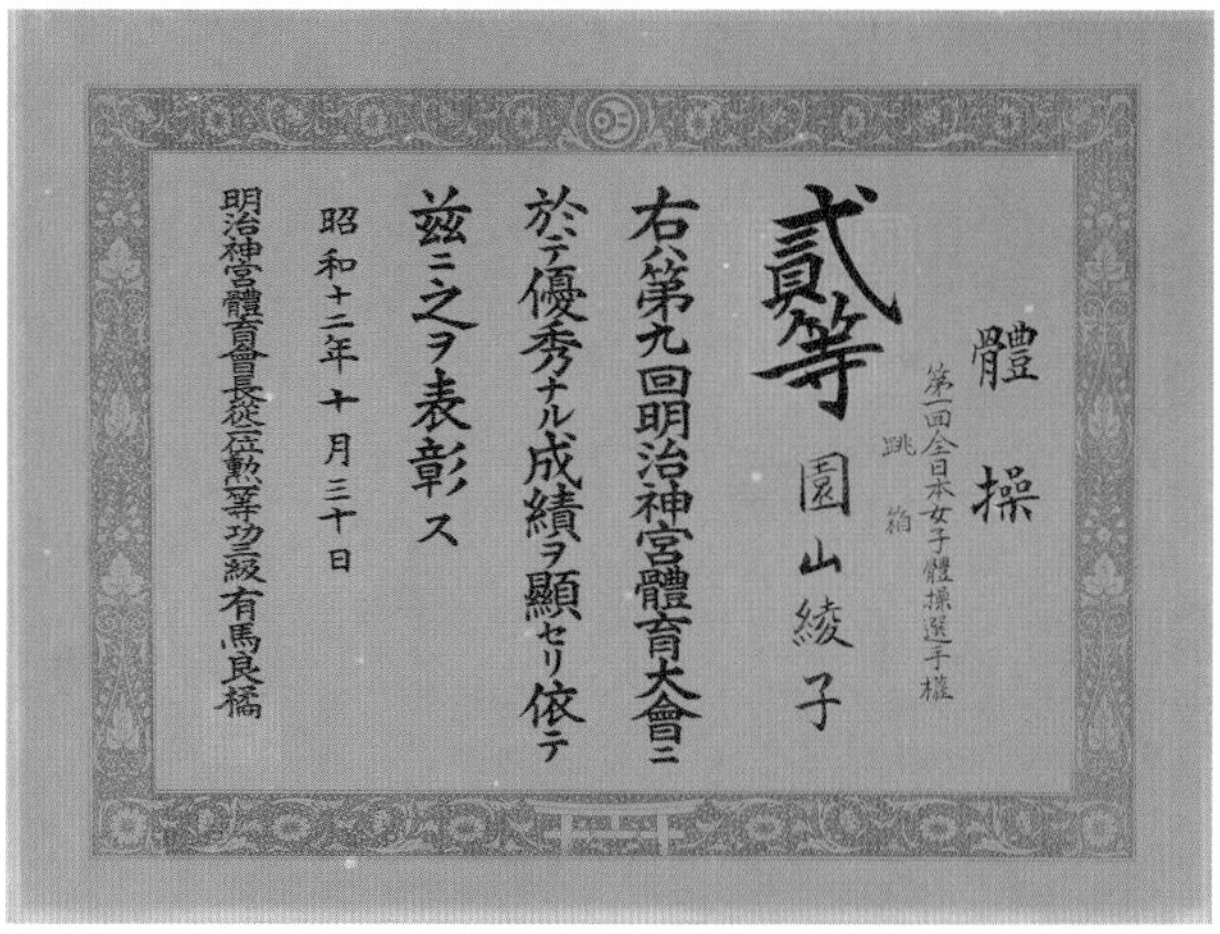

體操
第一回全日本女子體操選手權
跳箱
貳等
園山綾子
右ハ第九回明治神宮體育大會ニ於テ優秀ナル成績ヲ顯セリ依テ茲ニ之ヲ表彰ス
昭和十二年十月三十日
明治神宮體育會長從二位勳一等功三級有馬良橘

第一回全日本女子体操選手権表彰状
「優勝　体操　第一回全日本女子体操選手権」
「一等　体操　第一回全日本女子体操選手権　徒手」
「一等　体操　第一回全日本女子体操選手権　平均台」
「二等　体操　第一回全日本女子体操選手権　跳箱」
昭和十二年（一九三七）十月三十日　松江歴史館

第十八回オリンピック東京大会

昭和三九年(一九六四)十月十日、岸清一《きしせいいち》にとって長年の悲願であった日本でのオリンピックが開幕した。開会式に先立ち、国際オリンピック委員会(IOC)のブランデージ会長が松江を訪れ、島根県庁前の岸清一像の再建除幕式に参列した。ブランデージは昭和七年(一九三二)のオリンピックロサンゼルス大会において岸清一の知己となり、岸の日本でのオリンピック開催の想いを知っていた。ブランデージは「東京オリンピック開催は彼の偉業である」と語り、岸の像に花輪を捧げた。

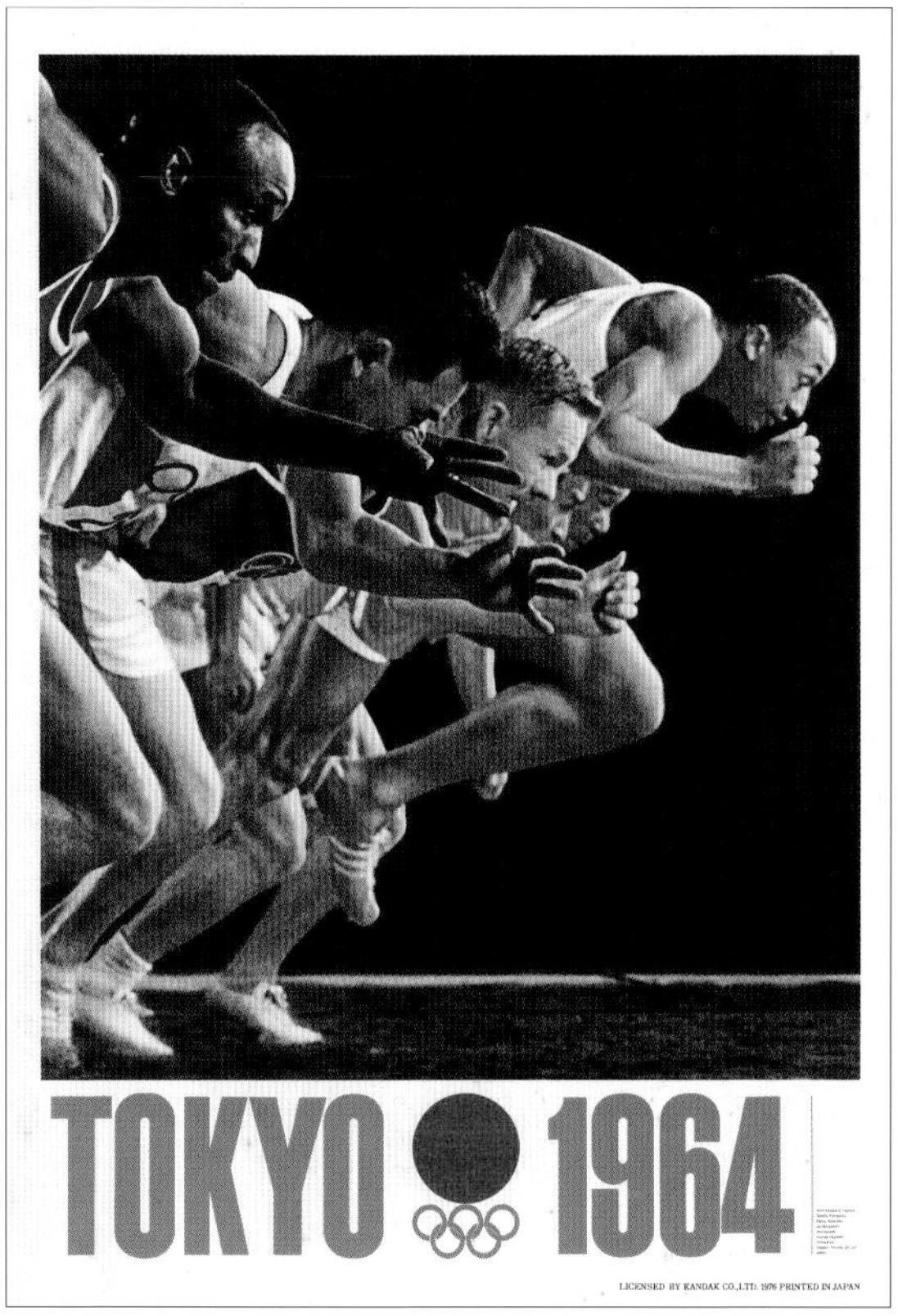

参考　オリンピックポスター

岸清一像に花を添えるブランデージIOC会長

参考　岸清一銅像再建除幕式
昭和39年(1964)

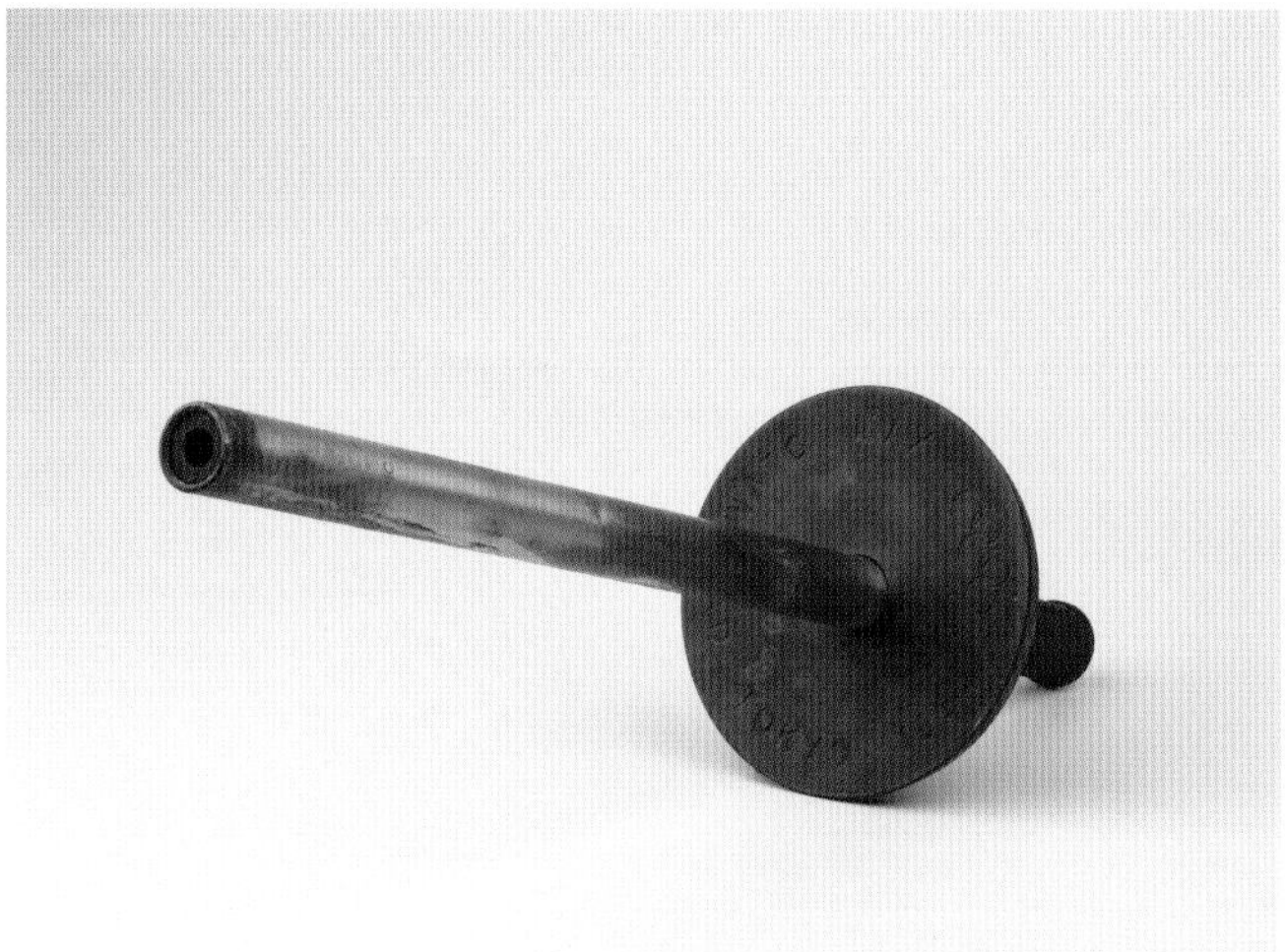

聖火リレーのトーチ

第十八回オリンピック東京大会の聖火リレーの際、走者が持ったトーチである。島根県では、昭和三九年(一九六四)九月二一日から二四日の間に走者が駆け抜けた。デザインは柳宗理《やなぎそうり》によるもので、黒色のホルダーはアルミ製で軽量にできていた。

聖火トーチ
昭和三九年(一九六四)　松江歴史館

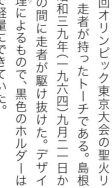

津田《つだ》晴一郎《せいいちろう》着用のトレーニングウェア

第十八回オリンピック東京大会において松江市出身の津田晴一郎が着用したトレーニングウェアである。本大会では、津田とともに吉岡隆徳《よしおかたかよし》も指導者として参加している。松江市出身の選手は出場していないが、戦前に活躍したオリンピアンが指導者として東京オリンピックの舞台に立っていた。

津田晴一郎のトレーニングウェア
昭和三九年（一九六四）　松江歴史館

東京オリンピック競技役員用のブレザー

第十八回オリンピック東京大会では選手が着た真っ赤なブレザーが印象深い。一方大会運営に関わる競技役員は青色のブレザーで、これはスターターとして参加した松江市出身の曽田英治《そたえいじ》が着たものである。曽田は昭和二十年前後（一九四五年頃）の日本トップクラスの短距離走者であった。

曽田英治のブレザー
昭和三九年（一九六四）　松江歴史館

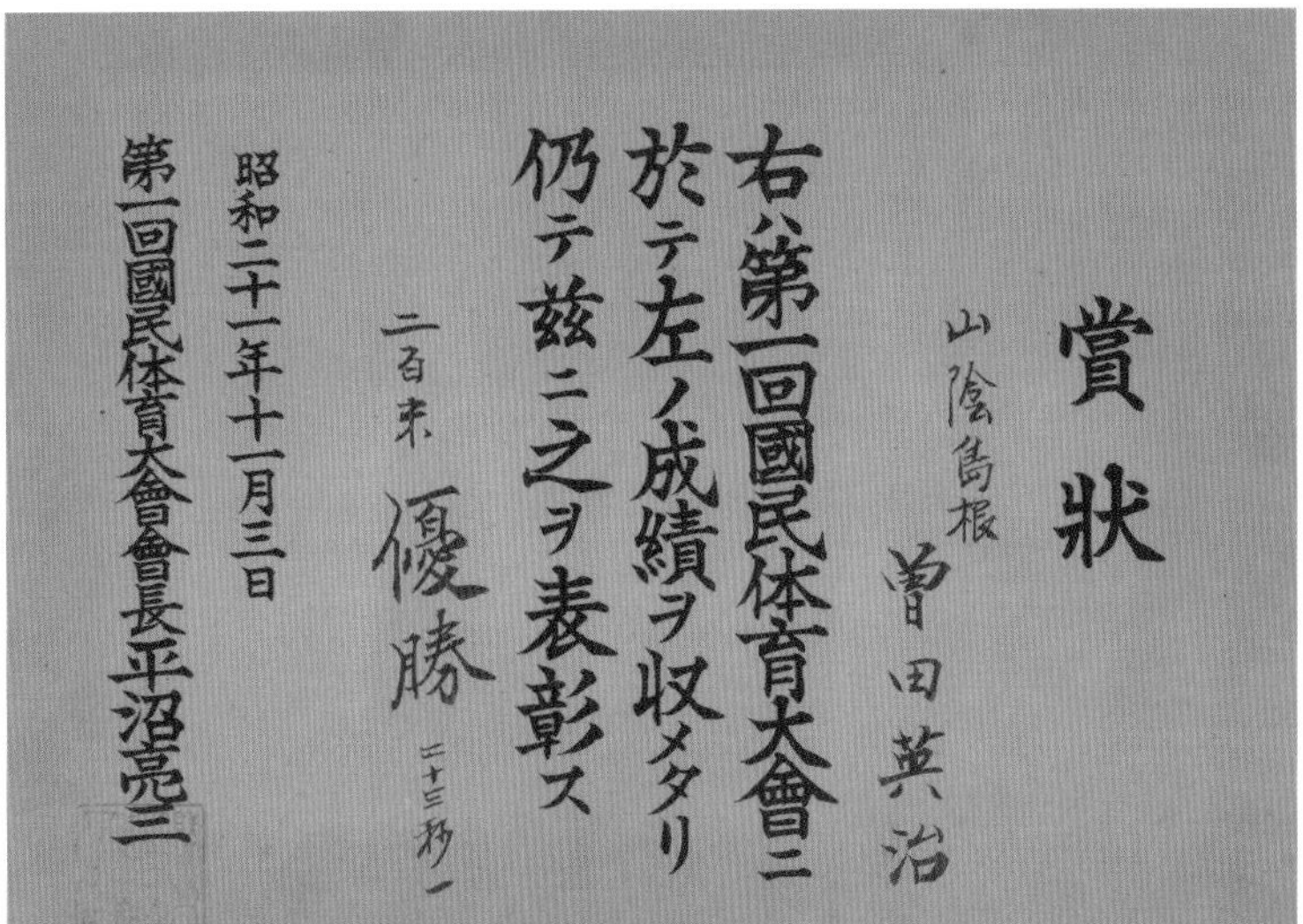

賞状
山陰島根
曽田英治
右第一回國民体育大會ニ
於テ左ノ成績ヲ収メタリ
仍テ茲ニ之ヲ表彰ス
二百米　優勝　二十三秒一
昭和二十一年十一月三日
第一回國民体育大會會長平沼亮三

第一回国民体育大会の優勝賞状

国民体育大会は終戦により混乱が続く中、国民に希望と勇気を与えるため、戦前の明治神宮競技大会を前身として始まった競技大会である。この大会に参加した松江市出身の曽田英治《そたえいじ》は二〇〇m競走に出場し、二三秒一のタイムで優勝した。

第一回国民体育大会賞状
昭和二一年（一九四六）　松江歴史館

松江ゆかりのオリンピアン

上田《うえだ》精一《せいいち》

一八九九〜一九八一

種目：陸上
出場オリンピック
第8回パリ大会（1924）
5種競技

参考　写真「上田精一と内務大臣賞盃」
大正時代　松江歴史館

オリンピック出場を決めた大会の賞状

出雲市出身の上田精一《うえだせいいち》は、島根県師《し》範《はん》学校（松江市外中原《そとなかばら》町）から東京高等師範学校へ進む。在学中の大正十二年（一九二三）に出場した第六回極東《きょくとう》オリンピック大会において五種競技（走幅跳、円盤投、やり投、二〇〇m競走、一五〇〇m競走）で優勝した賞状である。東アジアのトップ選手として、翌年開催のオリンピックパリ大会に臨んだ。

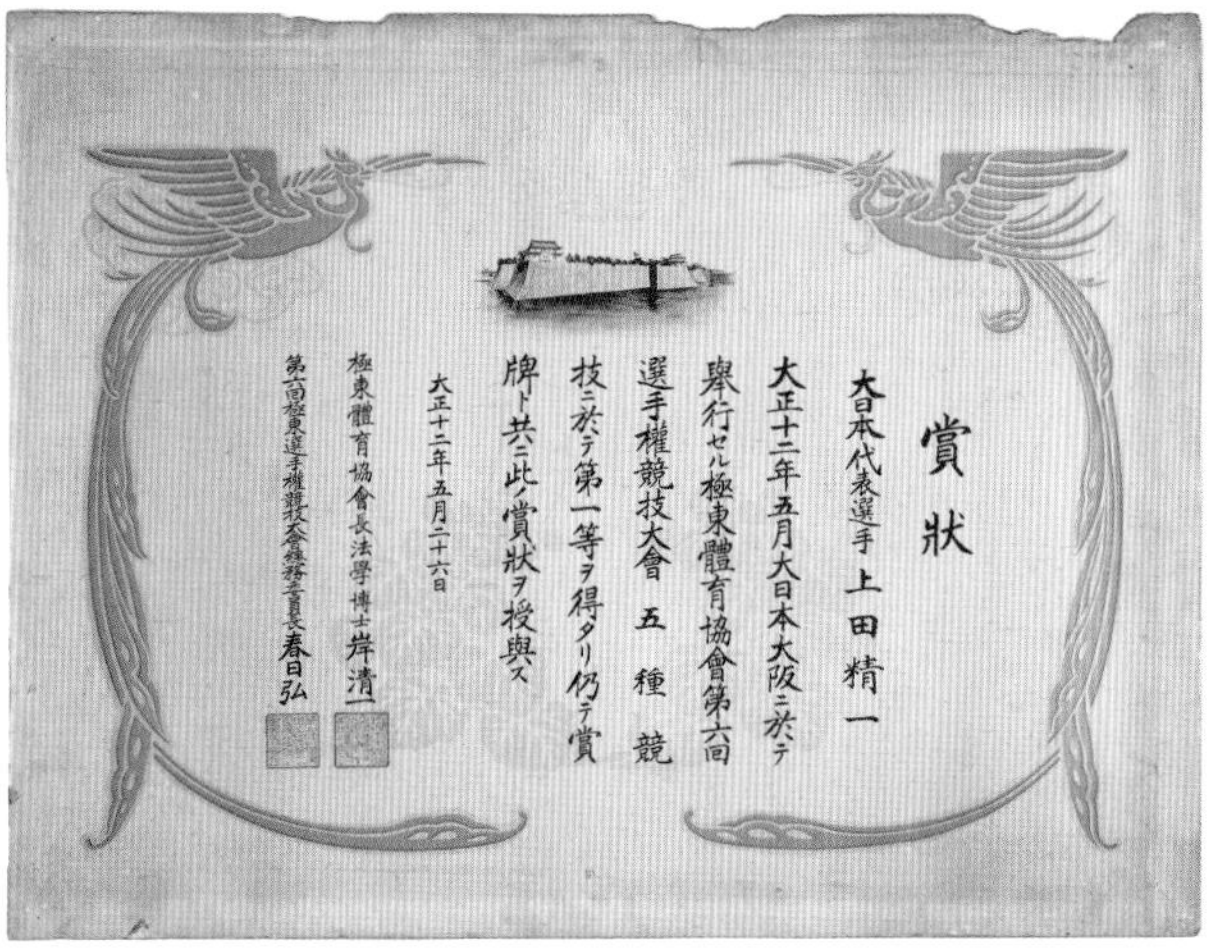

賞状
大日本代表選手 上田精一
大正十二年五月大日本大阪ニ於テ
擧行セル極東體育協會第六回
選手權競技大會 五 種 競
技ニ於テ第一等ヲ得タリ仍テ賞
牌ト共ニ此ノ賞状ヲ授與ス
大正十二年五月二十六日
極東體育協會長法學博士 岸清一
第六回極東選手權競技大會總務委員長 春日弘

極東体育協会第六回選手権競技大会賞状
大正十二年（一九二三）　松江歴史館

一〇〇年前のパリ大会着用のブレザー

五種競技（走幅跳、円盤投、やり投、二〇〇m競走、一五〇〇m競走）で日本代表としてパリ大会に参加した上《うえ》田《だ》精一《せいいち》のブレザー。日本からフランスへは船で移動する。その途上、上田は船上での練習中に負傷し、大会では予選落ちとなった。戦後は第一回国民体育大会の島根県選手団の団長となるなど、島根県のスポーツ振興に尽力した。

上田精一のブレザー
大正十三年（一九二四）　松江歴史館

津《つ》田《だ》晴《せい》一《いち》郎《ろう》

一九〇六～一九九一

種目：陸上
出場オリンピック
第9回アムステルダム大会（1928）
陸上マラソン　6位
第10回ロサンゼルス大会（1932）
陸上マラソン　5位

ロサンゼルス大会の津田晴一郎

参考　写真「津田晴一郎とパーヴォ・ヌルミ」
昭和7年（1932）　松江歴史館

優勝を期待された 津《つ》田《だ》晴《せい》一《いち》郎《ろう》のユニフォーム

津田晴一郎は松江市北堀《きたほり》町出身で、松江中学校在学中には山陰オリンピック大会に参加していた。卒業後、長距離走者として力を付け、昭和三年（一九二八）の第九回アムステルダム大会でのマラソンで六位入賞し、次回のロサンゼルス大会（一九三二年）では日本国民から優勝を期待されていた。結果は五位となり、二大会連続で入賞した。

津田晴一郎のユニフォーム
昭和七年（一九三二）　松江歴史館

日本人が初優勝したボストンマラソンの記録

津田《つだ》晴一郎《せいいちろう》が第五五回ボストンマラソンに指導者として参加した際、アメリカへ出発する昭和二六年（一九五一）四月一日からレース当日の十九日まで記録した日記である。時差のため夜中にかかってくる電話が選手の睡眠を害さないか、レース中のペースが速すぎないかと心配する様子が克明に書かれている。

津田晴一郎の日記
昭和二六年（一九五一）　松江歴史館

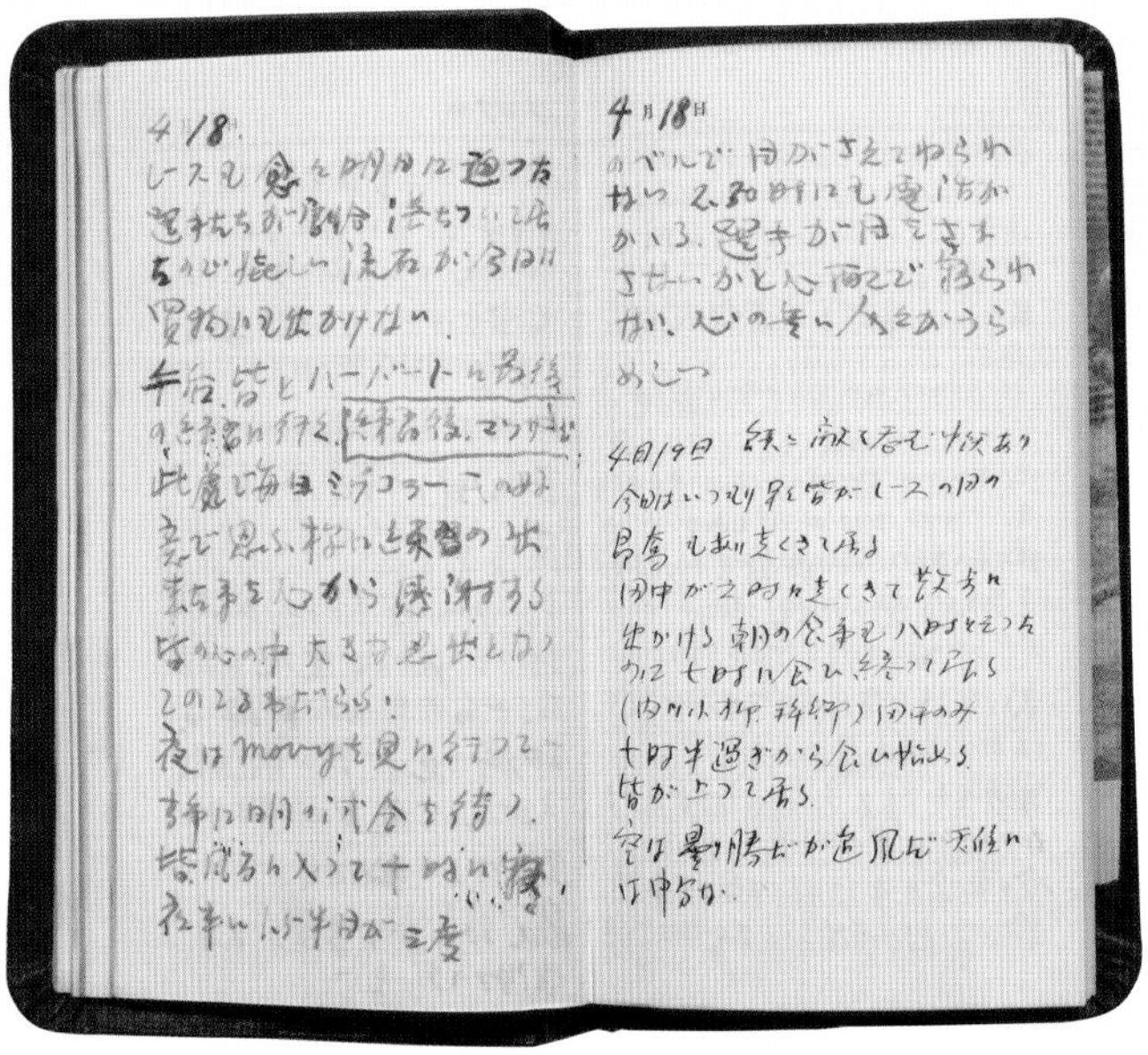

4月18日
レースも愈々明日に迫った。選手たちが割合落ちついて居たので嬉しい。流石《(ママ)》が今日は買い物にも出かけない。
午后、皆とハーバートに最後の練習に行く。練習後マッサージ、此処で毎日ミッコラー氏の好意で思う様に練習の出来た事を心から感謝する。皆の心の中の大きな思出となってのこる事だらふ。
夜はmovyを見に行って静に明の試合を待つ。皆風呂に入って十時に寝。夜半に1. 5半目が三度のベルで目がさえてねられない。2. 30時にも電話がかゝる。選手が目をさまさないかと心配で寝られない。心の無い人々がうらめしい。

4月19日　続々敵を呑む申訳あり、
今日はいつもり《(ママ)》早く皆がレースの日の昂奮もあり起きて居る。田中が六時に起きて散歩に出かける。朝の食事も八時と云ったのに七時に食ひ終って居る（内川、小柳、拝郷）。田中のみ七時半過ぎから食ひ始める。皆が上って居る。
空は曇り勝だが追風だ。天候には申分ない。

昭和二六年（一九五一）第五五回ボストンマラソンでは、田中《たなか》茂樹《しげき》が日本人として初優勝する。また、小柳《こやなぎ》舜治《しゅんじ》五位、内川《うちかわ》義高《よしたか》八位、拝郷《はいごう》弘美《ひろみ》九位と津田《つだ》晴一《せいいち》郎《ろう》が率いた日本人選手が大活躍した。

写真はレース後、津田を囲んで撮影したもの。左より、内川、田中、津田、小柳、拝郷と並ぶ。

参考　写真「ボストンマラソン津田晴一郎と選手」
昭和二六年（一九五一）
松江歴史館

津田《つだ》晴一郎《せいいちろう》は引退後、夏に行われるオリンピックで勝つために、山陰で夏のマラソンを開催してはどうかと提案した。これにより昭和三三年（一九五八）から玉造《たまつくり》毎日マラソンが始まった。

津田は亡くなるまで毎回審判長を務めていた。

参考
写真「第一回玉造毎日マラソン」
昭和三三年（一九五八）
松江歴史館

吉《よし》岡《おか》 隆《たか》徳《よし》

一九〇九～一九八四

種目:陸上
出場オリンピック
　第10回ロサンゼルス大会（1932）
　　陸上100m競走　6位
　　陸上200m競走
　　陸上400mリレー　5位
　第11回ベルリン大会（1936）
　　陸上100m競走
　　陸上400mリレー

参考　写真「吉岡隆徳」
昭和時代初期　松江歴史館

島根県内の競技会で活躍した吉岡《よしおか》隆徳《たかよし》

島根県師範《しはん》学校に入学した吉岡隆徳は競技部（陸上部のこと）に入り、メキメキと力を付けた。在学中に出場した山陰オリンピック大会（後に全山陰陸上競技大会と改称）で優勝するなど、全国レベルの走力を誇った。資料は全山陰陸上競技大会の参加章、島根県師範学校の卒業アルバムである。卒業アルバムの競技部四名のうち中央左側に吉岡が写る。

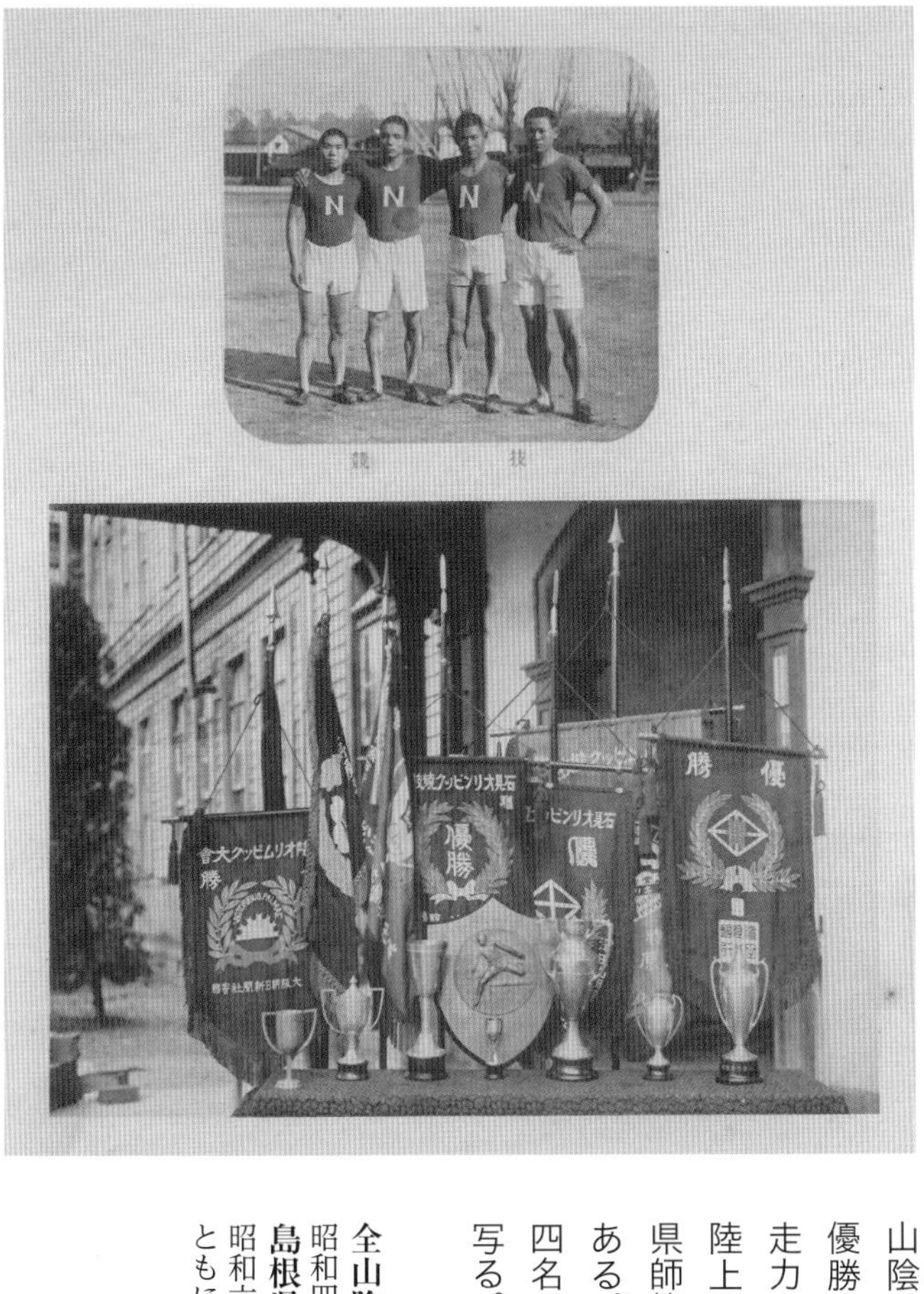

全山陰陸上競技大会参加章
昭和四年（一九二九）
島根県師範学校卒業アルバム
昭和六年（一九三一）
ともに出雲市

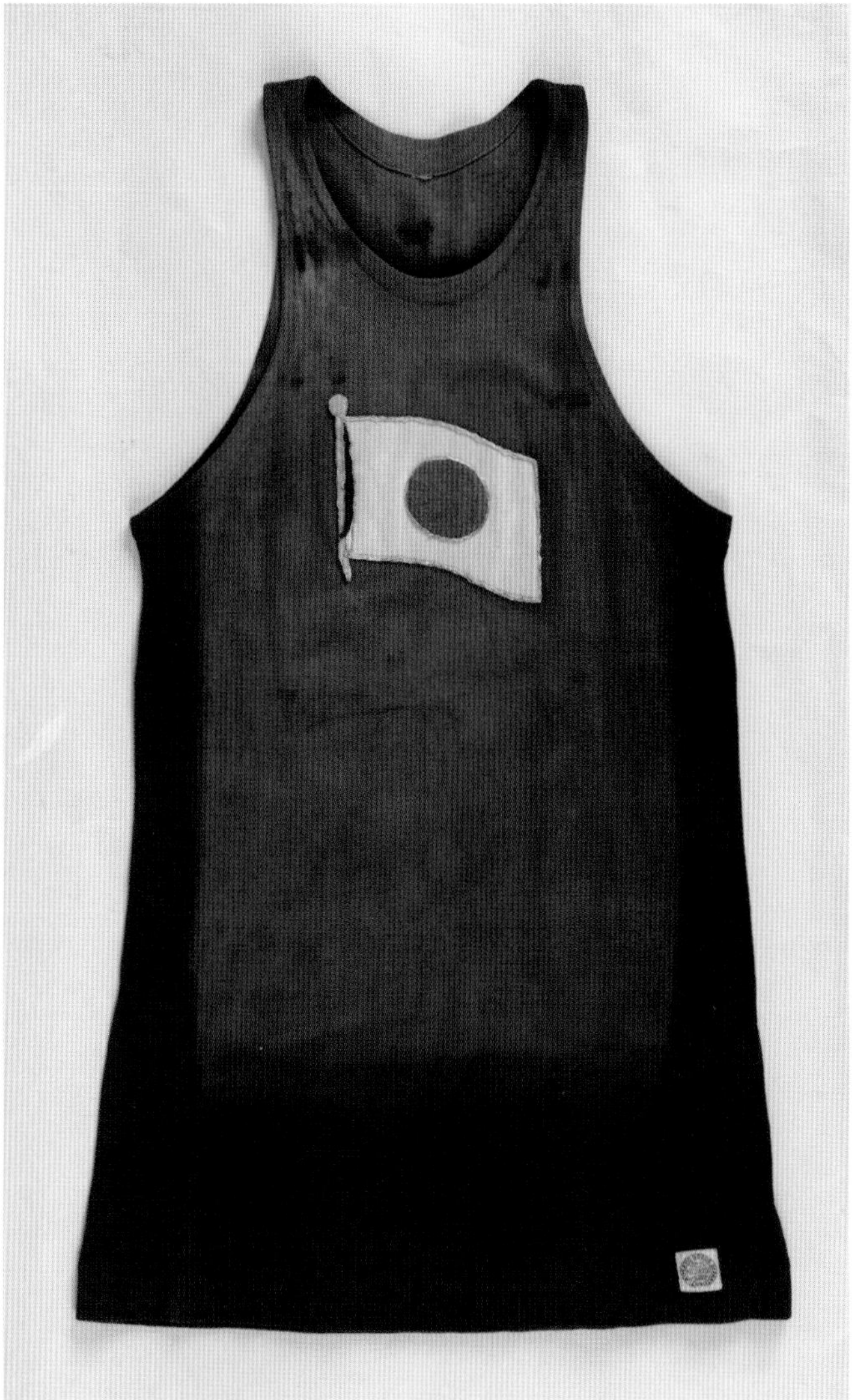

吉岡隆徳のユニフォーム
昭和時代前期　松江歴史館

暁《あかつき》の超特急《ちょうとっきゅう》、吉岡隆徳《よしおかたかよし》のユニフォーム

低い体勢でキレのあるスタートダッシュを見せる姿から「暁の超特急」と呼ばれた吉岡隆徳が、オリンピックで使用したユニフォームである。ロサンゼルス大会では一〇〇m競走で六位に入賞している。オリンピックの一〇〇m競走で、決勝に進み入賞した日本人は吉岡だけである。

参考『第十回国際オリムピック大会写真帖』より
「ロサンゼルス大会400mリレー」
昭和7年(1932)　出雲市

ロサンゼルス大会四〇〇mリレーで、第一走者の吉岡隆徳《よしおかたかよし》から第二走者の南部忠平《なんぶちゅうへい》にバトンを渡す。この競技では五位入賞した。

世界最速の足を支えたスパイク

当時の一〇〇m競走世界タイ記録十秒三を二度マークした吉岡隆徳《よしおかたかよし》がレースで履いたスパイクである。軽く柔らかいカンガルー皮を使用したスパイクは、昭和七年(一九三二)に開催するロサンゼルス大会の代表選手となった際に友人らから贈られたものである。

吉岡は、友人らの想いが込められたこのスパイクを履くと自然と力がわいたと述べており、ロサンゼルス大会の決勝や世界記録をマークしたレースで履いていた。

吉岡隆徳のスパイク
昭和七年(一九三二)　松江歴史館

福田《ふくだ》 時雄《ときお》

一九一五〜二〇〇一

参考　写真「福田時雄」
昭和十一年（一九三六）　松江歴史館

種目：障害
出場オリンピック
　第11回ベルリン大会（1936）
　　400mハードル

ベルリン大会に参加した福田時雄《ふくだときお》のユニフォーム

松江市石橋《いしばし》町出身の福田時雄は、四〇〇mハードルの代表として第十一回オリンピックベルリン大会に参加した。大会では予選で落選した。後に森山家へ養子に入り、家業の醸造業を継ぎ、島根県醤《しょう》油《ゆ》工業協同組合理事長を務めた。

福田時雄のユニフォーム
昭和11年（1936）　松江歴史館

塩川《しおかわ》 美知子《みちこ》

一九五一〜

参考　写真「塩川美知子」
昭和47年（1972）　松江市

種目：バレーボール
出場オリンピック
　第20回ミュンヘン大会（1972）
　　女子バレーボール　2位

ミュンヘンオリンピックの女子バレー選手の寄書

バレーボール寄書（塩川美知子氏旧蔵）
昭和47年（1972）　松江市

ソウルオリンピックで使用した剣と防具

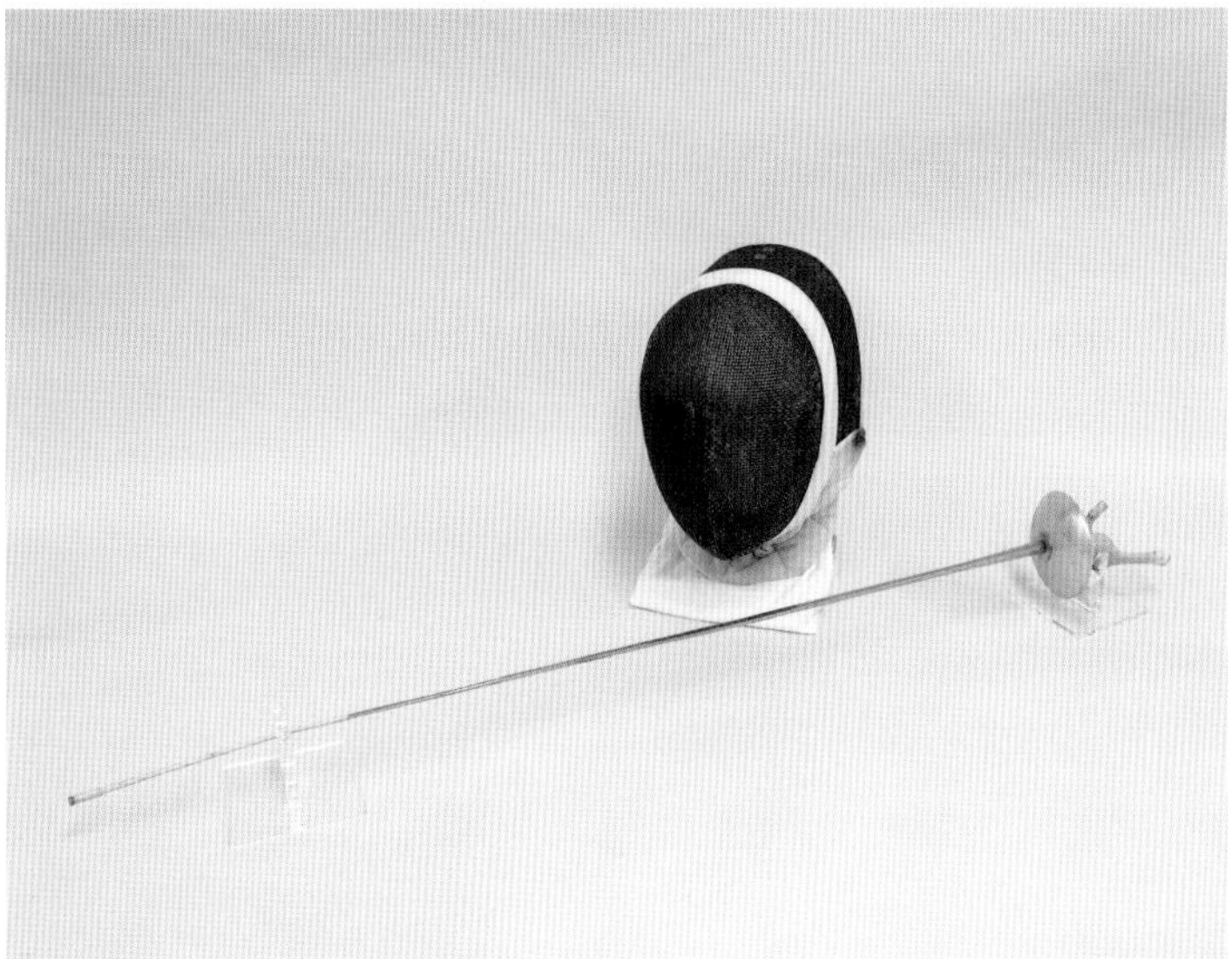

金津義彦のフェンシング用具
昭和63年(1988)　松江市

金《かな》津《つ》 義《よし》彦《ひこ》

一九六一～

種目：フェンシング
出場オリンピック
第23回ロサンゼルス大会(1984)
フェンシングフルーレ団体
第24回ソウル大会(1988)
フェンシングフルーレ団体
同　　　　個人

参考　写真「金津義彦」
昭和63年(1988)　個人

バルセロナオリンピックで着用したトレーニングウェア

田部 仁一のトレーニングウェア
平成4年(1992)　松江市

田《たな》部《べ》 仁《のり》一《かず》

一九七〇～

種目：フェンシング
出場オリンピック
第25回バルセロナ大会(1992)
フェンシングエペ個人

参考　写真「田部 仁一」
平成4年(1992)

渡《わた》利《り》 璃《り》穏《お》

一九九一～

参考　写真「渡利 璃穏　リオデジャネイロ大会2回戦」
平成28年（2016）　個人

種目：レスリング
出場オリンピック
第31回リオデジャネイロ大会（2016）
女子フリースタイル75kg級

リオデジャネイロオリンピックで着用したユニフォーム

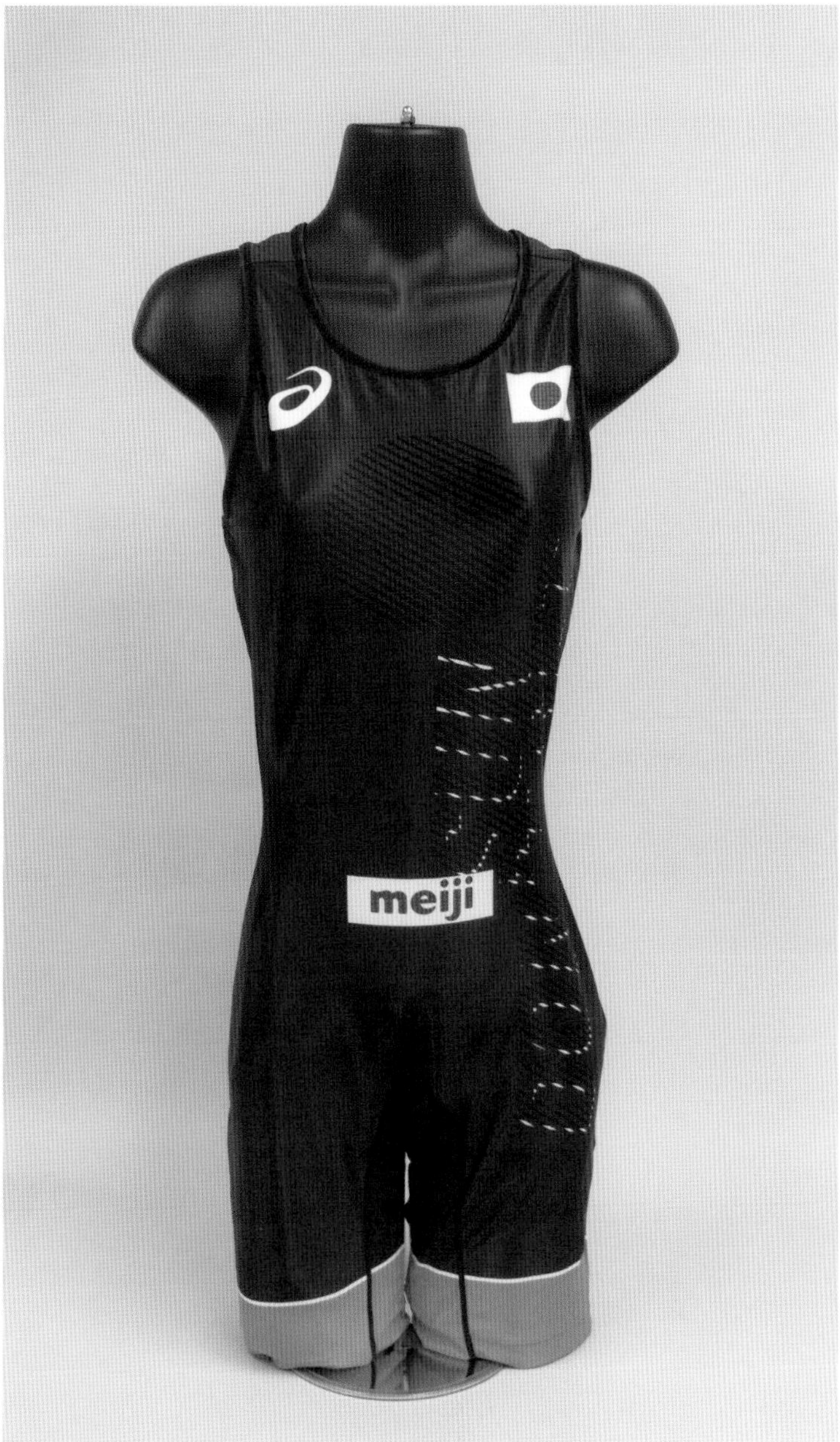

渡利 璃穏のユニフォーム
平成28年（2016）　個人

渡利 璃穏のシューズ
平成28年（2016）　個人

錦織《にしこり》 圭《けい》

一九八九〜

種目：テニス
出場オリンピック
　第29回北京大会（2008）
　　男子シングル
　第30回ロンドン大会（2012）
　　男子シングル　ベスト8
　第31回リオデジャネイロ大会（2016）
　　男子シングル　3位
　第32回東京大会（2021）
　　男子シングル　ベスト8
　　男子ダブルス　ベスト8

参考　写真「錦織圭 2024 全仏オープン男子 1 回戦」
令和6年（2024）
写真：L`EQUIPE/アフロ

ロンドンオリンピックで着用したユニフォーム

錦織圭のユニフォーム
平成24年（2012）
公益財団法人 島根県スポーツ協会

平成27年（2015）に履いていたシューズ

錦織圭のシューズ
平成時代　松江市

第二章

現代の松江のスポーツ

松江には県内唯一のプロバスケットボールチーム「島根スサノオマジック」の本拠地があり、全国の強豪と競い合っています。令和十二年（二〇三〇）には、島根県を舞台に「島根かみあり国スポ・全スポ」の開催が予定され、松江市でも多数の競技が行われます。「スポーツでつくる〝幸せなまち〟まつえ」の実現のため、スポーツを知り、親しみ、楽しみましょう。

全国に名を轟《とどろ》かす
松江工業高校バスケットボール部

松江とバスケットボールの関わりは深い。それには、何度も全国優勝を遂げた松江工業高校バスケットボール部の活躍が大きく影響している。

昭和三十年代から四十年代（一九六〇年前後）にかけ、国民体育大会や全国高等学校総合体育大会（インターハイ）上位の常連であった。この当時を知る人々が現在の松江のバスケットボール人口を増やし、盛んなまちへと繋げていく。

松江工業高等学校男子バスケットボール部の軌跡（昭和40年前後）

和暦（西暦）	順位	大会名	開催地
昭和32年（1957）	準優勝	全国高等学校総合体育大会（インターハイ）	東京
	準優勝	第12回国民体育大会	静岡
同33年（1958）	優勝	第13回国民体育大会	富山
同34年（1959）	3位	第14回国民体育大会	東京
同35年（1960）	準優勝	全国高等学校総合体育大会	福井
	3位	第15回国民体育大会	熊本
同36年（1961）	3位	全国高等学校総合体育大会	青森
	3位	第16回国民体育大会	秋田
同37年（1962）	優勝	全国高等学校総合体育大会	山口
	準優勝	第17回国民体育大会	岡山
同38年（1963）	4位	全国高等学校総合体育大会	新潟
	準優勝	第18回国民体育大会	山口
同39年（1964）	準優勝	全国高等学校総合体育大会	静岡
	優勝	第19回国民体育大会	新潟
同42年（1967）	準優勝	第22回国民体育大会	埼玉
同43年（1968）	優勝	全国高等学校総合体育大会	広島
	3位	第23回国民体育大会	福井
同44年（1969）	4位	全国高等学校総合体育大会	栃木

松江工業高校 バスケットボール部の黄金期

新潟県で行われた国民体育大会において、優勝した際に贈られた賞状である。松江工業高校バスケットボール部は同年の全国高等学校総合体育大会（インターハイ）で準優勝、前年の国体でも準優勝しており、同部の黄金期であった。

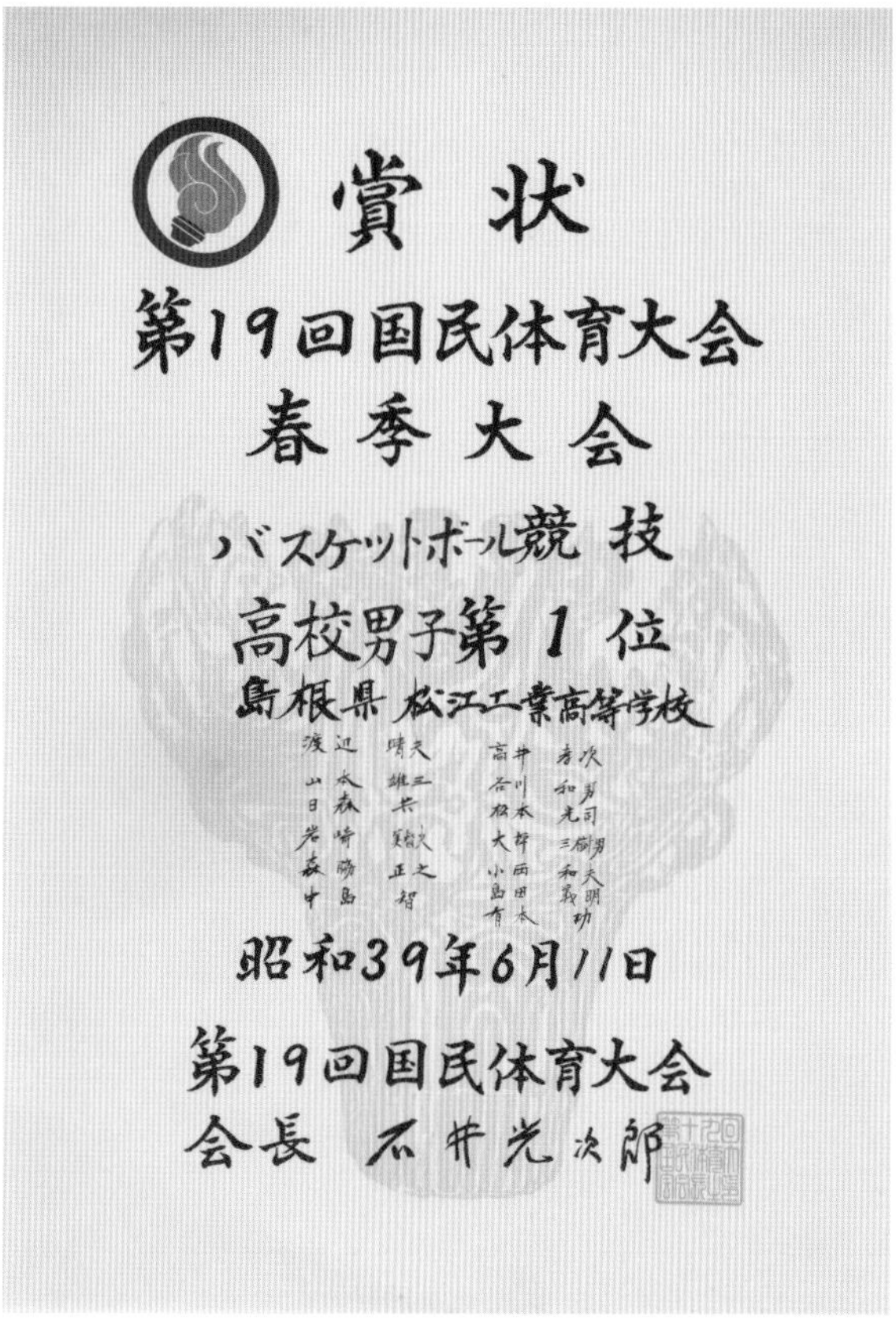
賞状
第19回国民体育大会
春季大会
バスケットボール競技
高校男子第1位
島根県 松江工業高等学校
昭和39年6月11日
第19回国民体育大会
会長 石井光次郎

第十九回国民体育大会賞状
昭和三九年（一九六四） 松江歴史館

全国高等学校総合体育大会優勝杯・楯
昭和四三年（一九六八）　松江歴史館

松江工業高校、インターハイで優勝する

松江工業高校バスケットボール部は、昭和四三年（一九六八）に広島県で行われた全国高等学校総合体育大会（インターハイ）で優勝する。その際に贈られた優勝杯・楯である。同年に行われた国民体育大会においても三位となった。

参考　写真「全国高等学校総合体育大会 決勝戦 攻撃する松江工業高校」
昭和四三年（一九六八）　松江工業高等学校

風を起こそう。島根スサノオマジック

地域密着のスポーツチーム結成の全国的な流行があり、松江市も平成十九年（二〇〇七）からバスケットボールで地域を盛り上げようと組織作りを始める。平成二一年（二〇〇九）にbjリーグへの加盟及びリーグ参加が決定し「島根スサノオマジック」が始動する。二〇一〇—二〇一一シーズンから参戦し、現在はB・LEAGUE（B1西地区）で奮闘している。

参考　写真「ホーム松江市総合体育館での試合」

風を起こそう。

神話と伝説が残る土地、
島根に新たな風を。

島根スサノオマジックは、
バスケットボールを超えて、
島根とともに一つになる。

大きな敵を倒す、スサノオの魂。
日常を変える、魔法の力。

その名のもとに、
大きな挑戦を、島根から。

強く、そして、おもしろく。
あらゆる垣根を越えて、
島根に、日本に、新たな風を起こしていく。

SHIMANE SUSANOO MAGIC

初代キャプテン 石《いし》崎《ざき》巧《たくみ》のユニフォーム

島根スサノオマジックユニフォーム
2010-2011 シーズン
島根スサノオマジック

キャプテン 安《あん》藤《どう》誓《せい》哉《や》のユニフォーム

島根スサノオマジックユニフォーム
2022-2023 シーズン
島根スサノオマジック

クライマックスシリーズ出場選手のサインボール

バスケットボール寄書
2022-2023 シーズン
島根スサノオマジック

このふれあいが未来をひらくくにびき国体

昭和五七年（一九八二）、第三七回国民体育大会「くにびき国体」が島根県を舞台にして開催された。十月三日、前年に竣工した松江市営陸上競技場（松江市総合運動公園内）で開会式が行われた。全国から集まった約二万五千名の選手が「このふれあいが未来をひらく」をスローガンに、六日間にわたり競技した。島根県選手団は九競技で総合優勝し、男女総合優勝の天皇杯、女子総合優勝の皇后杯を獲得した。

参考　写真「くにびき国体開会式 臙脂のブレザーで行進する島根県選手団」
昭和57年（1982）　松江市

参考　写真「くにびき国体開会式 小学生らによる集団演技『しまねの春』」
昭和57年（1982）　松江市

参考
写真「くにびき国体開会式
吉岡隆徳と小学生がランニングした『健康ひろば』」
昭和57年（1982）　松江市

島根県が総合優勝した国民体育大会

第三七回国民体育大会「くにびき国体」では、男女総合成績が一位であったため天皇杯《てんのうはい》を、女子総合成績が一位であったため皇后杯《こうごうはい》を島根県が授与された。天皇杯・皇后杯は翌年の国体総合開会式において返還した。島根県が総合成績一位であった大会は、くにびき国体だけである。

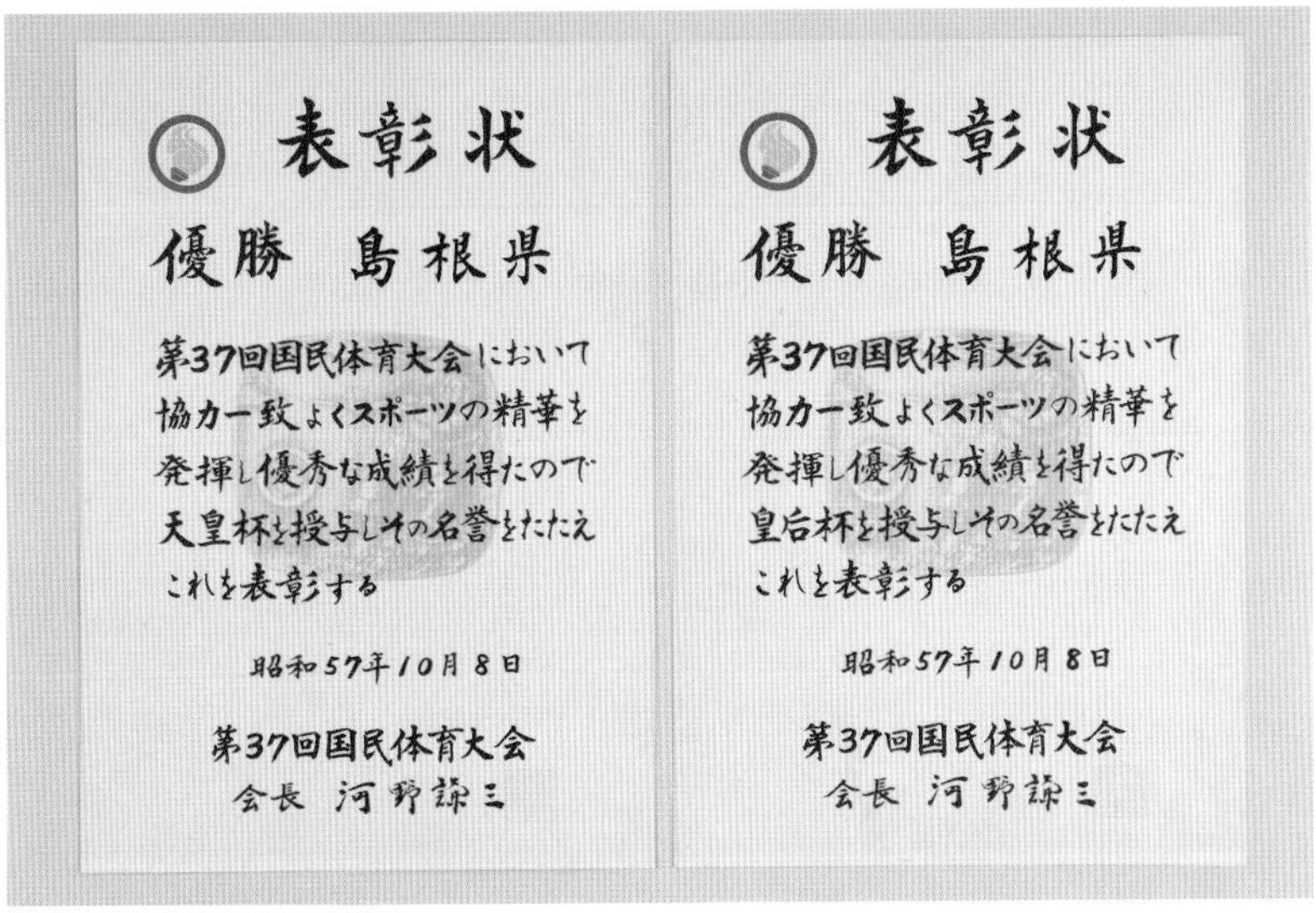

くにびき国体天皇杯・皇后杯・表彰状
昭和57年（1982）
公益財団法人 島根県スポーツ協会

国体旗、島根県旗、松江市旗が並ぶ

くにびき国体三連旗
昭和57年（1982）　松江歴史館

自分を超えろ、神話をつくれ

島根かみあり国スポ・全スポ 2030

第84回国民スポーツ大会

第29回全国障害者スポーツ大会

国民《こくみん》スポーツ大会《たいかい》・全国《ぜんこく》障害者《しょうがいしゃ》スポーツ大会《たいかい》とは

1年《ねん》に一度《いちど》、都道府県《とどうふけん》をめぐって開催《かいさい》

国民《こくみん》スポーツ大会《たいかい》（現在《げんざい》は国民体育大会《こくみんたいいくたいかい》）と全国障害者《ぜんこくしょうがいしゃ》スポーツ大会《たいかい》は、都道府県《とどうふけん》の持《も》ち回《まわ》りで毎年開催《まいとしかいさい》される、国内最大《こくないさいだい》のスポーツのお祭《まつ》りです。障《しょう》がいの有無《うむ》に関《かか》わらず、すべての国民《こくみん》がスポーツに親《した》しみ、国民《こくみん》が一体《いったい》となって盛《も》り上《あ》げる大会《たいかい》です。国民《こくみん》スポーツ大会《たいかい》は1946年《ねん》から開催《かいさい》され、多《おお》くの人《ひと》に夢《ゆめ》と感動《かんどう》を与《あた》えてきました。

参加者《さんかしゃ》80万人《まんにん》、スポーツ以外《いがい》にも大《おお》きな効果《こうか》

約《やく》2週間《しゅうかん》の期間中《きかんちゅう》、日本全国《にほんぜんこく》からのべ約《やく》80万人《まんにん》もの人《ひと》が大会《たいかい》の参加《さんか》や観戦《かんせん》、サポートに駆《か》け付《つ》けます。

これに合《あ》わせて開催県《かいさいけん》では、温《あたた》かいおもてなしの心《こころ》で来県者《らいけんしゃ》を迎《むか》え、文化《ぶんか》・芸術《げいじゅつ》・イベントの実施《じっし》や、食《しょく》、工芸品《こうげいひん》などの販売《はんばい》、観光《かんこう》のプロモーションなどを通《つう》じて地域《ちいき》の魅力《みりょく》を伝《つた》えるなど、スポーツ以外《いがい》の幅広《はばひろ》い産業《さんぎょう》にも大《おお》きな効果《こうか》をもたらします。

2巡目《じゅんめ》大会《たいかい》の開催《かいさい》に向《む》けて

全国《ぜんこく》に誇《ほこ》るスポーツ文化《ぶんか》を生《う》み出《だ》した1回目《かいめ》

みなさんは、島根県《しまねけん》で1982年《ねん》に開催《かいさい》された「くにびき国体《こくたい》」「ふれあい大会《たいかい》」を知《し》っていますか？

地元選手《じもとせんしゅ》はもちろん、全国各地《ぜんこくかくち》から集《あつ》まった選手《せんしゅ》の受《う》け入《い》れや競技《きょうぎ》の準備《じゅんび》など、大会《たいかい》の成功《せいこう》に向《む》け県民《けんみん》が一丸《いちがん》となって取《と》り組《く》みました。また、大会《たいかい》を通《つう》じて、奥出雲町《おくいずもちょう》のホッケーや美郷町《みさとちょう》のカヌーなど、全国《ぜんこく》に誇《ほこ》るスポーツ文化《ぶんか》が生《う》まれ、競技力《きょうぎりょく》の向上《こうじょう》にもつながりました。

未来《みらい》のわたしたちが大会《たいかい》をつくる

2030年《ねん》、島根県《しまねけん》で2巡目《じゅんめ》の大会《たいかい》の開催《かいさい》が予定《よてい》されています。2030年《ねん》のみなさんはどこで何《なに》をしているでしょうか？選手《せんしゅ》として大会《たいかい》に出場《しゅつじょう》する人《ひと》、大会《たいかい》の運営《うんえい》に携《たずさ》わる人《ひと》、地域《ちいき》で来県者《らいけんしゃ》の受《う》け入《い》れに協力《きょうりょく》する人《ひと》、イベントなどで来場者《らいじょうしゃ》をおもてなしする人《ひと》など、あなたも何《なん》らかの形《かたち》でこの大会《たいかい》に関《かか》わっているかもしれません。

島根県《しまねけん》では、多《おお》くの人《ひと》がスポーツに親《した》しむとともに、この大会《たいかい》で活躍《かつやく》する優《すぐ》れた選手《せんしゅ》を輩出《はいしゅつ》することを目指《めざ》し、スポーツに関《かか》わるサポート体制《たいせい》を整《ととの》え、大会《たいかい》に向《む》けた準備《じゅんび》を進《すす》めていきます。

島根かみあり国スポ・全スポ 2030　自分を超えろ、神話をつくれ　第84回国民スポーツ大会　第29回全国障害者スポーツ大会

島根かみあり国スポ・全スポマスコットキャラクター　島根県観光キャラクター「しまねっこ」
島国・全許諾第33号

第84回国民スポーツ大会競技 開催予定地一覧

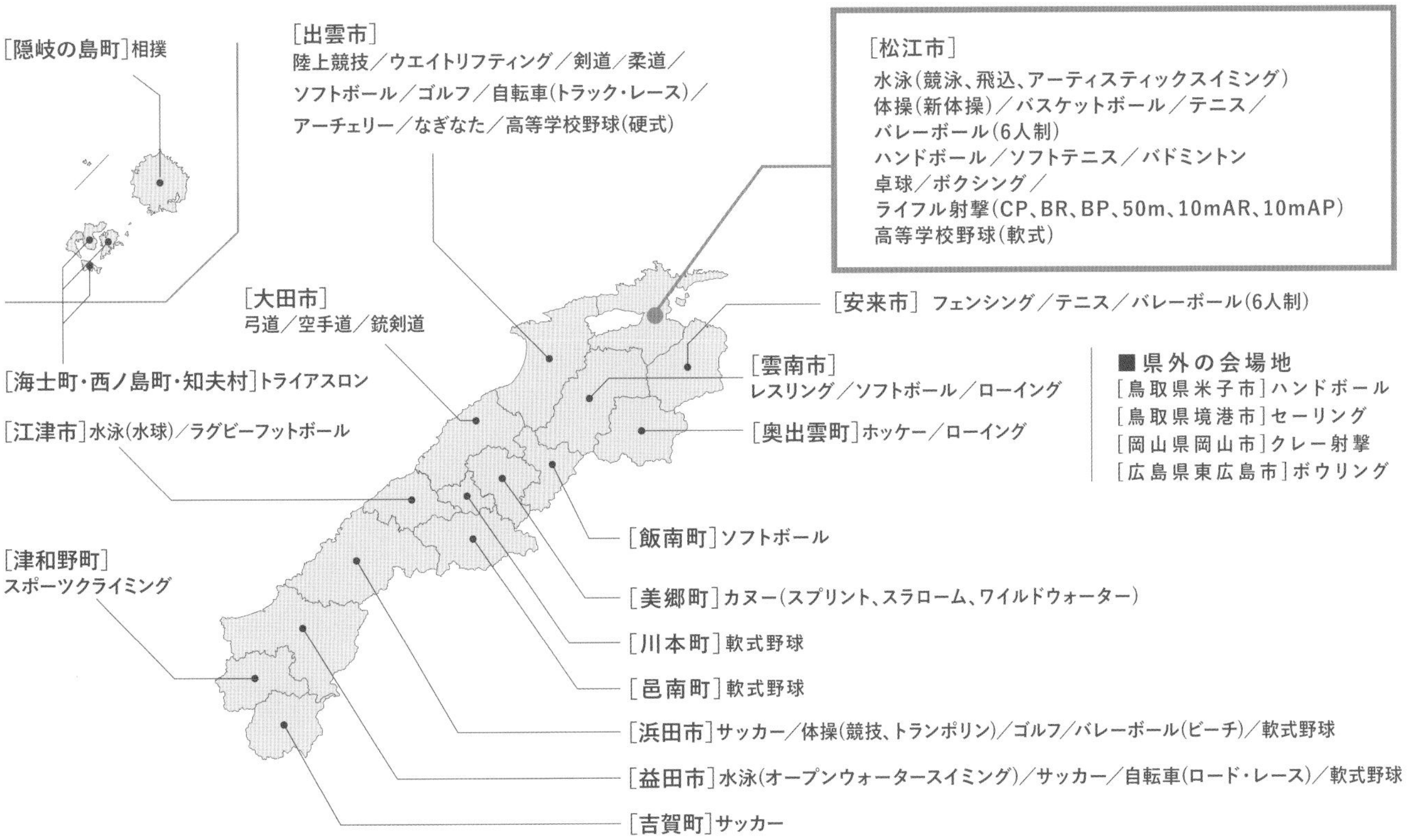

松江市内で開催予定の施設と競技

松江市の開催予定施設

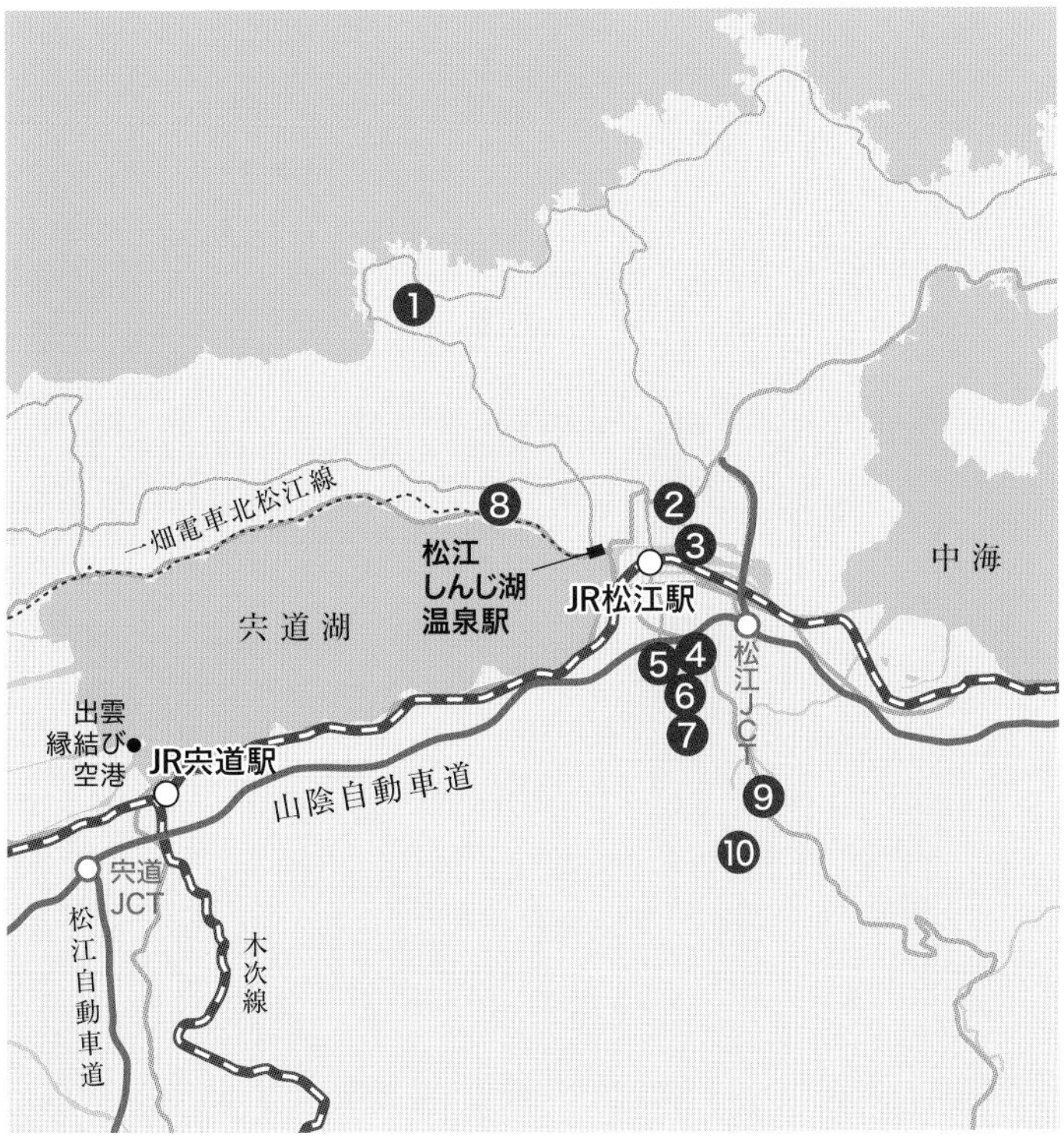

❶鹿島総合体育館	バレーボール(6人制)① バスケットボール① 卓球、バドミントン
❷松江市総合体育館	バレーボール(6人制)② 体操(新体操)、バスケットボール② ハンドボール①
❸くにびきメッセ	ボクシング
❹松江市営庭球場	テニス、ソフトテニス
❺島根県立松江商業高校	ハンドボール②
❻松江市営野球場	高等学校野球(軟式)
❼島根県立水泳プール	水泳(競泳)(飛込) (アーティスティックスイミング)
❽島根県警察学校射撃場	ライフル射撃 (CP:センター・ファイア・ピストル)
❾八雲構造改善センター	ライフル射撃 (BR:ビーム・ライフル)(BP:ビーム・ピストル)
❿島根県ライフル射撃場	ライフル射撃(50m) (10mAR:エア・ライフル) (10mAP:エア・ピストル)

島根かみあり国スポ・全スポマスコットキャラクター　島根県観光キャラクター「しまねっこ」
島国・全許諾第33号

出品目録

※ No.に○を付しているものは松江市指定文化財

No.	名称	員数	時代	所蔵先・提供先
第一章　松江藩の武術				
(1)松江藩の武術				
1	松江城下絵図	1	天保年間(1830年頃)	松江歴史館
2	修道館絵図	1	慶応年間(1865年頃)	個人(松江歴史館寄託)
◉不伝流居相				
3	口伝之巻	1	享保18年(1733)	松江歴史館
4	『列士録断絶帳』より「一川家」	1	江戸時代	島根県立図書館
5	不伝流外目録	1	安政3年(1856)	松江歴史館
6	不伝流居相許状事	1	元文2年(1737)	松江歴史館
◉新当流兵法				
7	『雲陽秘事記』より「大石源内狐を切る事」	1	江戸時代	松江歴史館
8-1	髙上極位之太刀（仕合霞 位之霞）	1	寛文5年(1665)	松江歴史館
8-2	髙上極位之太刀（仕合間 位間）	1	寛文5年(1665)	松江歴史館
8-3	髙上極位之太刀（仕合霞 玉簾）	1	寛文5年(1665)	松江歴史館
8-4	髙上極位五段之切紙	1	寛文5年(1665)	松江歴史館
8-5	髙上極位無一剣	1	寛文5年(1665)	松江歴史館
8-6	極意七条之太刀	1	寛文5年(1665)	松江歴史館
8-7	七ケ条之太刀	1	寛文5年(1665)	松江歴史館
8-8	兵学書	1	寛文5年(1665)	松江歴史館
8-9	極意外物	1	寛文5年(1665)	松江歴史館
8-10	十首之引歌	1	寛文5年(1665)	松江歴史館
◉一指流管槍				
9	『本朝武芸小伝』七　槍術	1	享保元年(1716)	松江歴史館
10	一指流管槍	1	江戸時代	個人(松江歴史館寄託)
11	一指流管槍製法	1	江戸時代	個人(松江歴史館寄託)
12	『雲陽秘事記』より「松本節外武者修行之事」	1	江戸時代	松江歴史館
◉樫原流鍵槍				
13	樫原流鍵槍	1	江戸時代	個人(松江歴史館寄託)
14	樫原流鍵槍目録	1	文久3年(1863)	個人(松江歴史館寄託)
15	樫原流鍵槍免状	1	明治34年(1901)	個人(松江歴史館寄託)
(2)直信流柔道				
16	柔道業術体系図	1	江戸時代末期	個人(松江歴史館寄託)
17	京極若州侯給帳	1	文化12年(1815)	個人(松江歴史館寄託)
18	『列士録断絶帳』より「寺田家」	1	江戸時代	島根県立図書館
19	『雲陽秘事記』より「三士武者修行之事」	1	江戸時代	松江歴史館
20	写真「直信流柔道甲冑所作」	4	大正4年(1915)	個人(松江歴史館寄託)

No.	名称	員数	時代	所蔵先・提供先
21	起請文前書之事	1	貞享2年(1685)	個人
22	柔道直信之一流武術　神新妙明	1	延享4年(1747)	個人
23	柔道業術寄品巻	1	嘉永2年(1849)	個人
24	直信流柔道業術名目	1	嘉永2年(1849)	個人
25	直信流柔道術事用百箇状	1	嘉永2年(1849)	個人
26	脇差	1	江戸時代後期	個人(松江歴史館寄託)
27	色々韋縅桶川五枚胴具足	1	慶応2年(1866)	個人
28	(武術御覧の伝達)	1	文化年間(1800年頃)	個人
29	覚(表替え願)	1	江戸時代後期	個人
(3)松江藩主が愛した相撲				
30	大日本大相撲勇力関取鑑	6枚1組	江戸時代末期	個人
31	釈迦ケ嶽雲右衛門像	1	平成7年(1995)	大塚夢芝居
32	浴衣(伝釈迦ケ嶽雲右衛門所用)	1	江戸時代中期	松江歴史館
33	草履(伝釈迦ケ嶽雲右衛門所用)	1	江戸時代中期	個人
34	浮世絵「雷電為右衛門」	1	江戸時代	個人
35-1	刀	1	江戸時代後期	個人(松江歴史館寄託)
35-2	脇差	1	寛政元年(1789)	個人(松江歴史館寄託)
参考	写真「陣幕久五郎土師通高」		明治29年(1896)	個人
36	陣幕久五郎化粧まわし(複元)	1	平成4年(1992)	松江歴史館
37○	於対面所他国相撲御覧場図	1	寛政5年(1793)	個人(松江歴史館寄託)
38	松江城三ノ丸御殿内分間図(写)	1	昭和27年(1952)	松江歴史館
39○	相撲番付	1	寛政11年(1799)	個人(松江歴史館寄託)
40○	大保恵日記	1	嘉永元年(1848)	信楽寺(松江歴史館寄託)
41○	相撲番付	1	天保4年(1833)	個人(松江歴史館寄託)
(4)明治維新後の武術				
42	額「興雲館」	1	明治22年(1889)	松江歴史館
43	講武会起源及ヒ沿革調査要項	1	大正10年(1921)	個人(松江歴史館寄託)
参考	ガラス写真「松下善之丞」		江戸時代末期〜明治時代初期	個人(松江歴史館寄託)
44	大日本武徳会島根県支部大演武会 旧藩武術及柔術組合	1	明治44年(1911)	個人(松江歴史館寄託)
45	皇太子殿下山陰道行啓日誌	1	明治40年(1907)	松江歴史館
46	写真「東宮殿下御前試合」	1	明治40年(1907)	個人
47	酒肴料包	1	明治40年(1907)	個人(松江歴史館寄託)
48	講武会解散ニ付諸届扣	1	大正10年(1921)	個人(松江歴史館寄託)
49	松江神社奉納武道大会演目	1	昭和34年(1959)	個人(松江歴史館寄託)

No.	名称	員数	時代	所蔵先・提供先
第二章　創立一〇〇周年　松江体育協会				
(1)岸清一とスポーツ				
50	岸清一胸像	1	昭和39年(1964)	雑賀教育資料館
51	ロサンゼルスオリンピック記念プレート	1	昭和7年(1932)	個人(松江歴史館寄託)
参考	『第十回オリムピック写真帖より』「岸清一主催レセプション」		昭和7年(1932)	出雲市
(2)松江スポーツ界の発展				
52	山陰オリンピックの優勝楯	1	大正時代	松江歴史館
53	絵葉書「第七回山陰オリムピック大会」	2	大正8年(1919)	個人(松江歴史館寄託)
54	松江体育協会の旗	1	昭和時代	松江歴史館
55	表彰状	1	昭和29年(1954)	松江歴史館
56	看板「財団法人　松江体育協会」	1	昭和62年(1987)	(公財)松江体育協会
参考	写真「園山綾子」		昭和11年(1936)	松江歴史館
57	松江市立高等学校学校沿革史	1	昭和時代前期	松江歴史館
58	第一回全日本女子体操選手権表彰状	4	昭和12年(1937)	松江歴史館
59	聖火トーチ	1	昭和39年(1964)	松江歴史館
60	津田晴一郎のトレーニングウェア	1	昭和39年(1964)	松江歴史館
61	曽田英治のブレザー	1	昭和39年(1964)	松江歴史館
62	第一回国民体育大会賞状	1	昭和21年(1946)	松江歴史館
(3)松江ゆかりのオリンピアン				
参考	写真「上田精一と内務大臣賞盃」		大正時代	松江歴史館
63	極東体育協会第六回選手権競技大会賞状	1	大正12年(1923)	松江歴史館
64	上田精一のブレザー	1	大正13年(1924)	松江歴史館
参考	写真「津田晴一郎とパーヴォ・ヌルミ」		昭和7年(1932)	松江歴史館
65	津田晴一郎のユニフォーム	1	昭和7年(1932)	松江歴史館
66	津田晴一郎の日記	1	昭和26年(1951)	松江歴史館
参考	写真「ボストンマラソン　津田晴一郎と選手」		昭和26年(1951)	松江歴史館
参考	写真「第一回玉造毎日マラソン」		昭和33年(1958)	松江歴史館
参考	写真「吉岡隆徳」		昭和時代初期	松江歴史館
67	全山陰陸上競技大会参加章	1	昭和4年(1929)	出雲市
68	島根県師範学校卒業アルバム	1	昭和6年(1931)	出雲市
69	吉岡隆徳のユニフォーム	1	昭和時代前期	松江歴史館
70	吉岡隆徳のスパイク	1	昭和7年(1932)	松江歴史館
参考	『第十回国際オリムピック大会写真帖』より「ロサンゼルス大会400mリレー」		昭和7年(1932)	出雲市

No.	名称	員数	時代	所蔵先・提供先
参考	写真「福田時雄」		昭和11年(1936)	松江歴史館
71	福田時雄のユニフォーム	1	昭和11年(1936)	松江歴史館
参考	写真「塩川美知子」		昭和47年(1972)	松江市
72	バレーボール寄書(塩川美知子氏旧蔵)	1	昭和47年(1972)	松江市
参考	写真「金津義彦」		昭和63年(1988)	個人
73	金津義彦のフェンシング用具	2	昭和63年(1988)	松江市
参考	写真「田部仁一」		平成4年(1992)	
74	田部仁一のトレーニングウェア	1	平成4年(1992)	松江市
参考	写真「渡利璃穏 リオデジャネイロ大会二回戦」		平成28年(2016)	個人
75	渡利璃隠のユニフォーム	1	平成28年(2016)	個人
76	渡利璃隠のシューズ	1	平成28年(2016)	個人
参考	写真「錦織圭　二〇一四全仏オープン男子一回戦」		令和6年(2024)	L'EQUIPE/アフロ
77	錦織圭のユニフォーム	1	平成24年(2012)	(公財)島根県スポーツ協会
78	錦織圭のシューズ	1	平成時代	松江市

No.	名称	員数	時代	所蔵先・提供先
第三章　現代の松江のスポーツ				
(1)バスケットボール				
76	第十九回国民体育大会賞状	1	昭和39年(1964)	松江歴史館
77	全国高等学校総合体育大会優勝杯・楯	1	昭和43年(1968)	松江歴史館
参考	写真「全国高等学校総合体育大会 決勝戦 攻撃する松江工業高校」		昭和43年(1968)	松江工業高等学校
参考	写真「ホーム松江市総合体育館での試合」			島根スサノオマジック
78	島根スサノオマジックユニフォーム	1	2010-2011シーズン	島根スサノオマジック
79	島根スサノオマジックユニフォーム	1	2022-2023シーズン	島根スサノオマジック
80	バスケットボール寄書	1	2022-2023シーズン	島根スサノオマジック
(2)国民体育大会・国民スポーツ大会				
81	くにびき国体三連旗	1	昭和57年(1982)	松江歴史館
82	くにびき国体天皇杯・皇后杯	2	昭和57年(1982)	(公財)島根県スポーツ協会
83	くにびき国体表彰状(天皇杯・皇后杯)	2	昭和57年(1982)	(公財)島根県スポーツ協会
参考	写真「くにびき国体開会式」		昭和57年(1982)	松江市

謝辞

本展の開催ならびに図録の発刊にあたり、貴重なご所蔵品のご出品を賜り、またご協力いただきました左記の関係諸機関、関係各位、及びお名前を控えさせていただいたご所蔵者の皆様に心より感謝申し上げます。

（五十音順・敬称略）

【関係機関】

出雲市市民文化部文化スポーツ課
雲藩直信流柔道研究会
大塚夢芝居
公益財団法人島根県スポーツ協会
公益財団法人松江体育協会
雑賀教育資料館
信楽寺
島根県環境生活部スポーツ振興課
島根県立古代出雲歴史博物館
島根県立図書館
島根県立松江工業高等学校バスケットボール部
島根スサノオマジック
松江市立雑賀公民館

【個人の方】

足立正智
梶川裕子
片岡詩子
金津義彦
川上和夫
岸健二
岸満帆
近藤富美子
佐々木武男
重吉伸一
清山美郎
三徳伸吉
関恭子
曽田謙一郎
田部仁一
永島秀明
中山英男
錦織圭
根岸タカ子
野津健
野津敏夫
古橋美知子
松下順一
三谷健司
渡利敏久

松江体育協会創立一〇〇周年記念
企画展
松江のスポーツ今昔

発行日　令和六年（二〇二四）七月十日

編集・発行　松江歴史館
〒六九〇-〇八八七
島根県松江市殿町二七九番地
TEL　〇八五二―三二―一六〇七
FAX　〇八五二―三二―一六一一
URL　https://matsu-reki.jp/

販売　ハーベスト出版
〒六九〇-〇一三三
島根県松江市東長江町九〇二-五九
TEL　〇八五二―三六―九〇五九
FAX　〇八五二―三六―五八八九
URL　https://www.tprint.co.jp/harvest/
E-mail　harvest@tprint.co.jp

印刷・製本　株式会社 谷口印刷
落丁本・乱丁本はお取替えいたします。
Printed in Japan
SBN 978-4-86456-525-7　C0021　¥1000E